言語学から見た
日本語と英語の慣用句

開拓社
言語・文化選書
51

言語学から見た
日本語と英語の慣用句

石田プリシラ 著

開拓社

はじめに

　一般に「慣用句」と認められる表現としては，「匙を投げる」や「油を売る」などがある。このような慣用句に文化の背景が反映されていることは，いうまでもない。たとえば「匙を投げる」は，薬を調合する匙を投げ出すことで，医者が「もう治療の方法がない」と判断して患者を見放すことから，さらに広く，これまで取り組んでいたことを「あきらめる，断念する」という意味を表している。一方，「匙を投げる」に類似する英語の慣用句として throw in the towel（タオルを投げ入れる）「だめだとあきらめる」があるが，この表現は，ボクシングで降参のしるしとしてリングにタオルを投げ入れるという動作に由来している。慣用句の文化的な面は，確かに興味深い。[1]

　ところが，言語学においては，慣用句は周辺的な現象とみなされる傾向がある。これにはいくつかの理由がある。まず，個々の慣用句はあまり頻繁に使われていない。また，意味と文法の面で不規則的なものが多く，一般性が見出しにくいと考えられがちである。さらに，言語学においては言葉の「創造性」の面，特に人間が文法の規則と単語をほぼ自由に組み合わせることにより無限の文を作り出すことができるという現象が重視され，「慣用性」の面，つまり，慣用句のようなあらかじめ形作られた表現の性質や振る舞いには，注目が行きにくいからである。

　しかし，個々の慣用句の使用頻度が低いとはいえ，一般に慣用句と言われるものは新聞や小説においても，ネット上のブログや日常会話においても幅広く使われている。また，先の「匙を投げる」

---

[1]「匙を投げる」と throw in the towel の由来について，『日本国語大辞典』や『研究社－ロングマン　イディオム英和辞典』を参照した。

「油を売る」のように，比喩的な意味や評価的な意味を伴うものが多く，単語と比べて表現力豊かである。さらに，ことわざや格言，コロケーション，あいさつ語などと並んで，「構成語同士の結びつきが強い表現」としては人間の言語生活において大きな役割を占めており，言語の「慣用性」の面を明らかにする重要な手掛かりにもなる。

　日本語の慣用句は，未研究の分野として残されている問題が多いが，これまでの研究の中には，慣用句の定義や範囲などの基本的な問題を扱っているものや，慣用句の下位分類を提唱しているものがある。慣用句の品詞や文法的な制約を検討しているものもある。また，日本語の慣用句と，ドイツ語や韓国語や英語などの，その他の言語の慣用句との比較対照をしている研究や，日本語教育における慣用句の問題を取り上げている研究もある。

　海外では，慣用句の研究は特に旧ソ連やヨーロッパ諸国においては以前から盛んに行われており，phraseology（「句に関する学問」）という分野の一部として位置付けられている。ヨーロッパにおいても，英国や米国においても，英語の慣用句を対象としている研究が多い。

　ところが，日本語と英語の慣用句に関する「入門書」は管見の限り，存在しない。そこで，本書では，日本語と英語両言語の慣用句の接点に注目しながら，言語学の観点から両言語の慣用句を考察していく。そのために，大きく二つの問題を取り上げる。一つは，日本語と英語の慣用句の本質にかかわる三つの性質，つまり，形式（語彙構造）的性質，文法的性質，および意味的性質を詳しく検討する。もう一つは，日本語の慣用句と英語などその他の言語の慣用句の共通点と相違点を明らかにするための比較対照の方法を述べる。

　本書の構成は，以下のとおりである（便宜的に日本語の用例を中心とする）。

　第1章では，「慣用句」の定義と範囲には決定的なものがなく，「広義の慣用句」を対象としている研究もあれば，「狭義の慣用句」

を対象としているものもあることを述べる。また，本書の考える慣用句の定義と範囲を示し，慣用句には，「形式的固定性」「統語的固定性」「意味的固定性」といった三つの性質があるとする。

　第 2 章では，慣用句の「形式的固定性」を取り上げる。これは，慣用句の構成語同士の結びつきが強いという性質である。たとえば「お茶をにごす／×煎茶をにごす」のように，慣用句に含まれている語を類義語などに入れ替えることは普通できない。しかし，実際には，「陰口をたたく／陰口をきく」のような言い換えが可能な慣用句が存在する。ここでは，日英両言語の慣用句に見られるこのような「変異形」を考察し，変異形が存在する意義について述べる。

　第 3 章では，慣用句には文法的な制約が強いという性質，つまり「統語的固定性」があると述べる。たとえば，「犯罪に手を染めた→×犯罪に染めた手は…」のように，「手」と「染めた」を並べ替えて本来動詞句であった表現を名詞句に転換できない。ところが，「手を打つ→打つ手はない」のように，問題なく転換できる慣用句もある。この章では，日英両言語の慣用句の中には制約の強いものから制約の弱いものまであることを述べる。また，先の「名詞句への転換」などの，慣用句に加えられる文法操作の間に「階層性」があることも示す。

　第 4 章では，慣用句の「意味的固定性」を考察する。これは，句全体の意味がそれぞれの語の通常の意味の積み重ねと一致しない，という性質である。ここでは，慣用句の意味的固定性はその文法面に関連していることを示す。「手を打つ」のように多くの文法操作を許す慣用句ほど，個々の構成語が句全体の意味の一部を担っているのに対し，「歯が立たない」のように文法操作をあまり許さない慣用句ほど，その意味が一つのかたまりとして固定している，ということを述べる。また，第 2 章から第 4 章まで述べた性質が，「慣用句らしさの度合い」の目安にもなると主張する。個々の慣用句についてこれら三つの性質の度合いを計り，その結果を合わせてみれば，さまざまな慣用句を「典型的なもの」から「周辺的なも

の」へと分類できるようになるわけである。

　第5章では，日本語とその他の言語の慣用句を比較対照する方法を概略する。まず，日本語とドイツ語の慣用句を対象に，個々の句の構成語，統語構造，および意味を比較することにより，両言語の慣用句間の対応関係を複数のタイプに分けられることを示す。次に，「血」と Blut（血）などの，特定の語を含んでいる日本語とドイツ語の慣用句を取り上げ，これらの語がそれぞれの言語の慣用句においてどのような比喩的な意味を担っているかを分類，比較する。最後に〈しくじる，故障する〉ことを表すロシア語とドイツ語の慣用句を比較し，両言語の慣用句間の対応関係が，主語の位置に現れる名詞の類（たとえば「具体物」や「人間関係」）によって異なることを示す。

　第6章では，「堪忍袋の緒が切れる」や blow one's stack（自分の煙突を爆発させる「激怒する，怒りを爆発させる」）などの，日本語と英語の〈怒り〉の慣用句を比較対照する。個々の慣用句の用法と用法上の制約を手掛かりに，慣用句同士の区別にかかわる「意味的な特徴」を明らかにし，両言語の慣用句間の共通点と相違点を提示する。また，第6章で示した分析法が，さまざまな言語における慣用句間の複雑な対応関係を正確にとらえるために有効であることを主張する。

　本書の内容は，筆者が普段英語で行っている講義の一部を日本語にまとめ直したものである。もとの内容をできるだけ分かりやすい日本語で解説するように心がけたが，この作業は筆者にとって大きな挑戦となった。本書の目的に合わせて，筆者がこれまで行ってきた研究の一部，および先行研究の代表的なものの一部を紹介するにとどめておいた。本書の内容にかかわる先行研究が他にも数多く存在するが，それらに関する詳しい考察は別の機会に譲る。

　本書が出来上がるまでにさまざまな方の援助を受けた。江藤秀一先生に，本書を執筆する機会を与えていただいた。また，ご多忙の中，各章の草稿をていねいに読んでいただき，専門的な内容を

分かりやすく解説する方法についても貴重な助言をいただいた。第 5 章で扱ったドイツ語とロシア語の慣用句について，Herrad Heselhaus 先生，新宮奈々様，Hanna Buikevich 様，そして Anna Nikolaeva 様から重要な参考情報をたくさん教えていただいた。開拓社出版部の川田賢様には，ていねいな編集をしていただいた。辛抱強く原稿の完成を待っていただいたことにも，感謝したい。さらに，長年の執筆を応援してくれた家族にも感謝する。

　本書が，慣用句やその他の慣用表現にかかわる問題への理解や関心の促進に貢献することができれば，筆者にとって大きな喜びである。

　2014 年 9 月 12 日

石田プリシラ

目　次

はしがき　*v*

第1章　慣用句とは
……………………………………………………………… *1*

1　「おはようございます」は慣用句だろうか
　　　―広い意味でいう慣用句―　*3*
2　「風邪を引く」は慣用句だが,「猿も木から落ちる」は慣用句でない　*7*
　　慣用句と一般連語句　*8*
　　慣用句とことわざ・格言　*10*
　　「風邪を引く」と「お茶をにごす」
　　　―2種類の慣用句―　*12*
3　「風邪を引く」や「目が高い」は慣用句ではない？
　　　―狭い意味でいう慣用句―　*15*
4　本書でいう慣用句―慣用句の三つの性質―　*19*

第2章　「陰口をきく」のか「陰口をたたく」のか
　　　―慣用句の「形式的固定性」について―
……………………………………………………………… *21*

1　慣用句の単語をいじってはいけない,って本当？　*22*
2　「陰口をきく」のか「陰口をたたく」のか
　　　―類義関係にある慣用句―　*24*
　　女性なら「道草を食べる」のか　*26*
3　hit the hay と言っても hit the sack と言っても「寝る」ことになる　*27*

4　イギリス人は wear the trousers, アメリカ人は wear the pants　　*32*
　5　「肩身が狭い」と言えるが,「顔が狭い」とは言えない
　　　　──対義関係にある慣用句──　　*35*
　6　lose your cool の反対は keep your cool だが, lose face の反対は save face　　*37*
　7　「手を抜く」ことは「手抜き」とも言う
　　　　──慣用句と複合語──　　*38*
　8　blow the whistle をする人は whistle-blower だ　　*41*
　9　あ, 間違えちゃった
　　　　──「怒り心頭に達する」などの表現──　　*46*
　10　just deserts か just desserts か
　　　　──英語慣用句の「誤用」──　　*48*
　むすび　　*50*

第3章　「打った手」と言えるが,「染めた手」とは言えない
　　　　──慣用句の「統語的固定性」について──　　*53*

　1　慣用句の文法的な面──さまざまな制約？──　　*54*
　2　自由度の低い慣用句から, 自由度の高い慣用句へ　　*57*
　3　英語慣用句の統語的操作　　*63*
　　　Adjunction（付加）　　*65*
　　　Insertion（挿入）　　*66*
　　　Permutation（並べ替え）　　*67*
　　　Extraction（取り出し）　　*68*
　　　Reconstitution（再構成）　　*70*
　　　英語慣用句の「階層性」　　*71*
　　　評価と問題点　　*75*
　4　日本語慣用句に「階層性」があるのか　　*77*
　　　「階層性なし」の立場　　*77*
　　　「階層性あり」の立場　　*80*
　むすび　　*85*

第4章 「手を打つ」の「手」は「手を焼く」の「手」と違う
　　　──慣用句の「意味的固定性」について──
.... 87

1　昔から言われてきた特性　*88*
2　慣用句の意味が分かれば個々の語の意味も分かる場合がある
　　──英語慣用句の「予測性」と「分解性」──　*91*
3　pull a few strings と言えるが shoot a few breezes とは言えない──文法と意味の関係（I）──　*95*
4　日本語慣用句の意味的な特性──従来の考え方──　*107*
　　「比喩的な意味」の有無　*107*
　　「不規則性」と「非分割性」　*109*
　　「イディオム性」の高い慣用句から低い慣用句へ　*110*
5　日本語慣用句の「意味的固定性」
　　──文法と意味の関係（II）──　*112*
　　「意味的固定性」と「統語的固定性」の関わり　*112*
　　「打った手」と言えるが「焼いた手」とは言えない　*114*
　　「思い切った手を打つ」と言えるが「大きな頭にくる」とは言えない　*117*
　　「手を早く打った」と言えるが「耳に偶然した」とは言えない　*119*
　　「手を打て」と言えるが,「目を剥け」とは言えない　*121*
　　意味的固定性と慣用句の階層性　*124*
むすび──「慣用句らしい慣用句」とは──　*127*

第5章　日本語の慣用句と世界の言語の慣用句
　　　──慣用句の比較対照の方法（1）──
.... 131

1　慣用句は直訳できない　*132*
2　ドイツ語では仲が悪いのは「犬」と「猫」
　　──日・独慣用句の対応関係──　*135*

3　韓国語でも「目の中に入れても痛くない」と言える
　　　――日・韓慣用句の対応関係―― *143*
　4　日本語とドイツ語の慣用句の比喩的な意味　*146*
　　　日・独慣用句の「血」と Blut（血）　*147*
　　　日・独慣用句の「手」と Hand（手）　*152*
　　　辞書における「比喩性」　*160*
　5　「失敗する」ことを表すロシア語とドイツ語の慣用句
　　　――慣用句の訳語は文脈によって変わる――　*161*

第 6 章　日本語と英語の〈怒り〉の慣用句
　　　　――慣用句の比較対照の方法（2）――
　　　　　………………………………………………………… *171*
　1　慣用句の「意味的な特徴」とは　*172*
　2　〈怒り〉の時間的な面　*175*
　3　他人に怒る，自分に怒る　*183*
　4　心の中の怒り，表に出した怒り　*189*
　5　日英語の〈怒り〉の慣用句の対応関係と翻訳の問題　*194*
　むすび　*199*

参考文献　………………………………………………… *203*

索　　引　………………………………………………… *211*

第 1 章

慣用句とは

「慣用句」という言葉を耳にしたら，どのような表現が思い浮かぶだろうか。街の本屋さんに置いてある慣用句辞典を開いてみると，次のような表現がすべて載っているはずである。

(1)　頭にくる，猫をかぶる，足を洗う，肝に銘じる，口車に乗る，骨を折る，油を売る，口が軽い，腹が立つ，目が高い，顔が広い，気が置けない，雀の涙，糠に釘，猫も杓子も...

このような表現は，一般に「慣用句」とみなされている。ところで慣用句辞典の編集者や，日本語の話者はどのような基準をもってこのような表現を「慣用句」としてまとめているのだろうか。
　一般に使われている国語辞典に載っている「慣用句」の定義には，次の二点が挙げられている。

(2) a.　二つ以上の語から構成されている。
　　 b.　句全体の意味が個々の語の元来の意味からは決まらない。
　　　　　　　　　　　　　　　　　　（『広辞苑』（第五版）による）

言い換えれば，句であることと，句全体で何らかの特別な意味を表している（句全体の意味がそれぞれの語の意味の積み重ねと一致しない）ことが慣用句の本質的な特徴とされている。先ほど見た「頭にくる」「猫をかぶる」「足を洗う」などは問題なくこの定義に当てはまる。
　ところが，慣用句の研究においては，「慣用句とは何か」といった問題，つまり慣用句の定義と範囲の問題は重要な問題になっている。慣用句に関する先行研究では，研究者によってどのようなものを慣用句とみなしているのかが異なり，さまざまな定義が示されている。慣用句の定義と範囲に関しては研究者同士で未だに解決がついていない。本章では，慣用句の定義と範囲についていくつかの見方を紹介するとともに，慣用句の性質について考えてみたい。

1 「おはようございます」は慣用句だろうか
――広い意味でいう慣用句――

　60〜70年代の慣用句研究を見てみると,「慣用句」自体がかなり幅広いものとしてとらえられている。たとえば,言語学者の森田良行氏は「文法や語彙の知識のみでは解決がつかない表現」を慣用句とみなし,白石大二氏は「いっしょに使われて特別な意味になる一群の語」と定義している。[1] そしてこのような定義をやや広く考え,「狭義の慣用句」といったものを定めながらも,次の (3) のように,さまざまな性質の表現を「慣用句」,あるいは「広義の慣用句」としてまとめている。

(3) a. **挨拶語・応答語**（森田 (1966),白石 (1969, 1977)）
　　　おはようございます,いい加減にしなさい,お変わりございませんか,すみません
　b. **ことわざ・格言**（白石 (1969, 1977)）
　　　牛は牛連れ馬は馬連れ,果報は寝て待て,知者は一を聞いて十を知る
　c. **連語**（森田 (1966),白石 (1969, 1977)）
　　　汗をかく,電報を打つ,将棋をさす,世話をやく,溜息をつく,麦をひく,木を割る,火をたく
　d. **狭義の慣用句**（森田 (1966),白石 (1969, 1977)）
　　　油を売る,鼻にかける,鯖を読む,頭にくる,エンジンがかからない,骨が折れる,気が利く,半日をつぶす,頭をかく
　e. **複合語・単語**（白石 (1969, 1977)）
　　　苦手,天下り,大通り,取りあえず,恐れる,逃がす

---

[1] 森田 (1966: 63),白石 (1977: 536) を参照。森田 (1966) は,「慣用句」のほかに,「慣用的な表現」や「イディオム」といった用語を使っているが,ここではまとめて「慣用句」とする。

f. **擬態語・擬声語**（白石（1969, 1977））
      こけこっこう，ごくっと，ぎしぎし，にこにこ，すたすた[2]

　上のような表現はなぜ「慣用句」と言えるのだろうか。まず，**「挨拶語・応答語」**について考えてみよう。「おはようございます」は本来「お早く」と「ございます」が結合して出来上がった表現であるが，現代の日本語の話者はこの句に含まれている個々の語を日常ほとんど意識しないで使っている。「おはようございます」はひとまとまりとなって朝の挨拶の言葉として使われているのである。したがって，この表現も，「文法や語彙の知識のみでは解決が付かない表現」，あるいは「いっしょに使われて特別な意味になる一群の語」であると言える。「いい加減にしなさい」などに関しても同じである。なお，英語の慣用句に関する研究の中にも，これと同じような考え方があり，Good morning や Merry Christmas のような表現を慣用句とみなしているものがある。

　「ことわざ・格言」も「いっしょに使われて特別な意味になる一群の語」と言える。たとえば，「牛は牛連れ馬は馬連れ」は「同じ仲間のものがいっしょに行動する」ことを表しており，動物の話ではない。『故事ことわざ辞典』や『成語林　故事ことわざ慣用句』，また『標準ことわざ慣用句辞典』のように，慣用句とことわざを一緒に扱っている辞典が多いことからも，この二つに共通点があることがうかがえる。英語慣用句に関する研究の中にも，ことわざや格言を対象とするものがある。

　「連語」に関しては，「汗をかく」や「将棋をさす」などは一般に慣用句と認められないにしても，語の組み合わせが自由でない点で

---

　[2] 上に挙げた表現のほかにも，たとえば「百も承知で〜する」や「何はさておき〜」のような言い回しや，「さもないと〜だ」や「〜ざるを得ない」のような文語的な表現（森田（1966），また「死んだようだ」や「いやというほど」などの直喩的表現を慣用句としてまとめている（白石（1969, 1977））。

は先ほど見た「猫をかぶる」や「足を洗う」に類似している。たとえば，「汗を～」と言えばそれに続く動詞が「かく」になり，「将棋を～」と言えば「さす」という動詞が予測できるので，これらは自由に変えられる表現ではなく，表現方法が固定していると言える。[3] よって，「広義の慣用句」とみなされるわけである。

「狭義の慣用句」とは，一般に慣用句と言われているもの，つまり「典型的な慣用句」のことである。このようなものの中には，いわゆる「比喩」から成立した表現が少なくない。たとえば，「鯖を読む」の由来に関しては，次の説がある（森田（1966: 74），『成語林』）。

(4) a. 鯖はいたみやすいので，数えるとき急いで飛ばして数え，実数をごまかすことが多いから。
    b. 魚市場では小魚（さば）を「ひとやひとや，ふたやふたや…」と早口に数えて処理するが，あとで数えてみると実際と違うことが多いところから。

このように，「鯖を読む」はもともと魚屋さんが多めに見積もる場合を表したが，転じて「自分の都合のいいように数をごまかして数える」ことを表すようになった。ところで日本語の話者は，このような比喩の由来を知らなくても，次の (5) のように問題なく「鯖を読む」の意味を理解したり，この句を使ったりすることができる。

(5) A: 「今日の集会は一万人が参加したなんて言っているけれど，実際には五千人にも届かなかったんじゃないかな。」
    B: 「それはまたずいぶんと鯖を読んだね。」

(『標準ことわざ慣用句辞典』，以下『標準』)

「複合語・単語」や**「擬態語・擬声語」**が白石（編）(1977) の

---

[3] 森田 (1966) はこのような表現を「表現として固定した叙述の語」と呼んでいる。

『国語慣用句大辞典』に載っていることから，白石氏はこれらを「広義の慣用句」とみなしていることがうかがえる。まず複合語について考えてみよう。「天下り」は「天」と「下り」といった二つの語からできていることや，「官庁で退職後の幹部などを民間会社や団体などに受けいれさせること」を表していることから，これは「いっしょに使われて特別な意味になる一群の語」と言える。「苦手」についても同様である。なお，英語慣用句に関する従来の研究の中には，turncoat「裏切り者」や blackmail「ゆすり，恐喝」，また eavesdrop「盗み聞きする」などの複合語を慣用句とみなしているものがある。これらの複合語の意味は，turn（返す）と coat（上着），black（黒）と mail（郵便），eaves（建物の軒）と drop（落ちる／落とす）といった，個々の構成語の意味の積み重ねとは一致しないからである。

これに対し，「恐れる」や「逃がす」などの単語，そして「ぎしぎし」や「こけこっこう」などの擬態語・擬声語はなぜ「いっしょに使われて特別な意味になる一群の語」と言えるのかが明らかではない。慣用句が二つ以上の単語からなるものであることを明示していない点に問題があると考えられる。

以上の例から，従来の慣用句研究では慣用句の定義・範囲をかなり広いものと考えていたことが分かる。このような研究が開拓的なものであることと，さまざまな慣用的表現の共通の性質を指摘していることは評価できる。しかし，いくつかの問題点が残されており，のちの研究者からかなり強い批判を浴びるようになった。たとえば，白石（1977）の慣用句の扱い方について，宮地裕氏は「その雑然たることに閉口するよりほかはない」と述べている（宮地(1985:62)）。高木一彦氏は白石氏が慣用句として挙げているものに関して，さまざまな性質のものが含まれるので，「広義の慣用句」は一つの言語の全体系ということになり，「広義の慣用句」と「狭義の慣用句」の区別が無意味なものになってしまう，と述べている（高木(1974:15)）。また，慣用句が二つ以上の単語からなるものであ

ることを明示していない点や,「慣用句」と「単語」「連語」「文」
を区別していない点にも問題があると述べている。[4]

　以上のことをまとめると,「広義の慣用句」といったカテゴリー
は広すぎるということになる。のちの研究者はこの問題点を踏まえ
ながら,慣用句の定義・範囲を大幅に絞った。次節では,慣用句の
定義・範囲をさらに限定した研究の代表的なものを見ていくことに
する。

2　「風邪を引く」は慣用句だが,「猿も木から落ちる」は慣用句でない

　上に述べたように,従来は慣用句の定義・範囲を比較的広くとら
えることが多かったが,次はこれを比較的狭くとらえなおそうと試
みた宮地(1982b, 1985, 1999)を紹介したい。宮地氏は「慣用句」
を次のように定義した。

　(6)　慣用句とは,単語の二つ以上の連結体であって,その結びつ
　　　きが比較的固く,全体で決まった意味を持つ言葉のことであ
　　　る。
　　　　　　　　　　　　　　　　　　　　　(宮地(1982b: 238))

宮地氏は(6)にある「単語の二つ以上の連結体」という規準をもっ
て,「恐れる」「大踊り」「こけこっこう」などのような表現を慣用
句の範囲から排除している。「その結びつきが比較的固く」とは,
慣用句の形式が固定しており,句の構成語を他の語に置き換えたり
語順を変えたりできないことや,慣用句にはさまざまな文法的な変
化が許されないということである(詳細は後ほど述べることとする)。
そして「全体で決まった意味を持つ」というのは,たとえば「頭に
くる」は句全体で「怒る」ことを表しており,この意味は「頭」

---

　[4] 白石(1977)の慣用句の定義や範囲は白石(1969)と同じものであるの
で,高木(1974)の批判は白石(1977)にも当てはまる。

「に」「くる」といったそれぞれの語の通常の意味や文法的な関係からは出てこないことを表している。

　宮地氏は上の定義をもって「道草を食う」「腹が黒い」「気が強い」「頭にくる」「あとの祭り」「汗をかく」「愚痴をこぼす」「電話をかける」などを慣用句とみなしている。ところでこの章のはじめに述べた「慣用句」の一般的な定義から考えれば、なぜ「汗をかく」や「電話をかける」が「道草を食う」や「腹が黒い」と同じように慣用句と言えるのかは少し不思議に思われるかもしれない。前者の二つは後者の二つとは違って、句全体としての特別な意味があるとは言い難い。また「電話をかける」や「愚痴をこぼす」のほかに、「電話をする」や「愚痴を言う」と言えることから、これらの句は「その結びつきが比較的固い」といった条件も満たしていないと言えそうである。

　この二点に関しては、後ほど詳しく述べる。以下、まず宮地氏が慣用句と他の「句」、つまり「一般連語句」と「ことわざや格言」の関係と区別をどのようにとらえているのかを見ていくことにする。

慣用句と一般連語句
　「一般連語句」という言葉は少し分かりにくいが、これは、日常会話や文章でかなり自由に作られる句のことである。たとえば、「昼飯を食う」「馬が走る」「ドアが閉まる」「空が青い」などは二つ以上の単語がほぼ自由に結合してできた句なので、一般連語句と言える。これに対して「慣用句」とは、語の結びつきが固定・慣用化している句、言い換えると語の結合に制約がある句のことである。次の例を比較してみる。

（7）○昼飯を食う／○昼飯を食べる　［一般連語句］
　　　○道草を食う／×道草を食べる　［慣用句］

「昼飯を食う」の場合は、「食う」は問題なく「食べる」に置き換えることができるが、「道草を食う」の場合はこのような置き換えは

できない。このように慣用句と一般連語句は，「句」である点で似通っているが，慣用句は一般連語句よりも結合度が強い。

　一般連語句と慣用句は，文法的な制約の強さという点でも区別できる。たとえば一般連語句の動詞句や形容詞句は，その前の語と後ろの語を入れ替えて名詞句に転換できることが多いが，慣用句は一般に前の語と後ろの語を入れ替えて名詞句に転換することが難しい。次の (8) のように，一般連語句は問題なく名詞句に転換できる。

(8) 　（動詞・形容詞句）　　　　（名詞句）
　　　○馬が走っている　→　　○走っている馬（をつかまえろ）
　　　○ドアが閉まる　　→　　○閉まるドア（にご注意ください）
　　　○空が青い　　　　→　　○青い空（が見えはじめた）

一方，次の慣用句は名詞句に転換できない。

(9) 　（動詞・形容詞慣用句）　　　　　（名詞句）
　　　○腹が立つ　→　×立つ腹／×立った腹／×立っている腹
　　　○気がつく　→　×つく気／×ついた気／×ついている気
　　　○腹が黒い　→　×黒い腹

このように，名詞句に転換できるかどうかを基準にすると，一般連語句と慣用句とを区別することができる。

　ところで「昼飯を食う」「馬が走る」「空が青い」などの表現は，言語学者の間では「自由語」「自由連語」「自由な語結合」「自由な語連結」とさまざまな言葉で呼ばれるが，よく考えてみれば，このような動詞句や形容詞句でさえ何らかの文法・意味的な制約を負うものが多い。たとえば「馬が走っている」と言えるが，「×空が走っている」と言えないのはなぜか。これは，「走る」という動詞は通常みずから動けるものを表している名詞（有生名詞）と一緒に使われるからである。「空が青い」の「青い」は具体名詞を取るので，「×音楽が青い」や「×許可が青い」などとは言わない。要す

るに，まったく自由に組み合わせると，句として成り立たないものになってしまう。このようなことから，「自由」という語を避けて「一般連語句」と呼んだほうが望ましい，と宮地氏は考えた。

慣用句とことわざ・格言

慣用句とことわざ・格言はどのような点で区別できるだろうか。ことわざ・格言は二つ以上の単語からなっている点，そしてこれらの単語の結びつきが比較的固い点で慣用句に似通っている。よって宮地氏はこれらの三つをまとめて「成句」とみなしている。しかしことわざ・格言は慣用句と違って，歴史・社会的に安定した価値観や一般的な事実・事態を表すものである（宮地（1982b, 1985））。ことわざの例としては，次のようなものがある。

(10) かくれんぼするときは，鬼の遠くにかくれるよりも近くにうまくかくれるほうがかえって見つからないよ。<u>灯台下暗し</u>だよ。（『標準』）
(11) Ａ：「かれ，普段おとなしくて野球の話もしないけれど，きのうの試合でかれのバッティングはすばらしかったね。」
　　 Ｂ：「<u>能ある鷹は爪を隠す</u>というからね。」（『標準』）

上の「灯台下暗し」は「身近なことは案外分からない」といった，人間に見られる一般的な傾向を表している。「能ある鷹は爪を隠す」は「優れた力や才能を持っている人は，普段は，そのことを見せびらかしたり自慢したりしない」ことを表しており，さらにまたこれは人間の本来あるべき姿であることを意味している。このような表現は，日本の社会・文化的な知恵や価値観を示す機能を持つものである。また，相手にこの知恵や価値観を伝えたり，忠告したりする機能もある。

一方，慣用句はこのような機能を持つものではなく，何らかの動作や状態，また属性や性質を表していることが多い。たとえば「足を引っ張る」や「口が軽い」はそれぞれ，「他人の成功や前進を引

きとめること」や「秘密にすべきことを口外しがちな性格」を表しており，日本の伝統的な文化・社会的な知恵や価値観とは関係なく用いられる。

　慣用句は構造の面，そして文法の面でも，ことわざ・格言と区別できる。まず，慣用句は（文字どおりに）句であるのに対して，ことわざや格言は一つの文に相当する場合が多い。たとえば先の（11）のように「能ある鷹は爪を隠す」は文の構造をしており，このままの形で使われる。これに対し「足を引っ張る」や「口が軽い」は動詞句や形容詞句の構造をしており，「〜が」や「〜は」，また「〜の」など，他の要素を伴って初めて文になる。このことは，次の（12）を先の（10）と（11）と比較してみると明らかになる。

(12) a.　ぼくはエラーをしたので，チームの足を引っ張ることになってしまった。
　　 b.　かれは口が軽いからあのことは言わないほうがいいよ。

　次は文法的な面であるが，動詞慣用句は「—タ形」で過去の動作や出来事を表すことが多いのに対し（「太郎は次郎の足を引っ張った」「太郎は途中で道草を食った」），動詞を中心とすることわざ・格言は普通「—ル形」（「猿も木から落ちる」「能ある鷹は爪を隠す」）や「命令形」（「果報は寝て待て」「勝って兜の緒をしめよ」）で使われる。後者のものが「—ル形」や「命令形」を使うことが多いのは，このような表現が人の一般的な傾向や社会的な価値観を表していることと大きな関係がある。要するに，「—ル形」は繰り返し行われること（「習慣性」）を表す機能があり，「命令形」は「やるべきこと」を表しているので，これらの文法的な形態は一般的な傾向や事実，そして社会的なルールを述べていると解釈される。

　なお，次の（13）のように，ことわざや格言は長い文においては「—タ形」をとることがある。

(13) a. ○「能ある鷹は爪を隠す」のごとく，幕府の監視の目に絶えずさらされていた利常は，加賀藩を守るため爪を隠した。
   b. ○誰も寝てはならぬトリノ五輪だったが，果報は寝て待った。

(13a)の「爪を隠した」と(13b)の「果報は寝て待った」は一般的な傾向や望ましい振る舞い方を示しているのではなく，特定の人物(「利常」「私」)が行った特定の行為を表している。このように，ことわざや格言は慣用句と同じような用法を持つ場合もある。しかし「―ル形」や「命令形」で使われることのほうが圧倒的に多い点では，やはり慣用句とは異なっている。

　以上，本節で述べたことは図1のようにまとめることができる。

　　　　図1　慣用句と他の句の関係と区別

　　　　　　　┌─ 一般連語句
　　　句 ─┤
　　　　　　　│　　　　┌─ **慣用句**
　　　　　　　└─ 成句 ─┤
　　　　　　　　　　　　└─ ことわざ・格言

　　　　　　　　　　　　　(宮地（1982b: 238）一部変更)

「風邪を引く」と「お茶をにごす」―2種類の慣用句―

　上に慣用句と慣用句でないものの関係と区別について示したが，次は慣用句の中にどのようなものがあるかを見ていく。

　宮地氏は慣用句に「連語的慣用句」と「比喩的慣用句」があるとしている。「**連語的慣用句**」は先述の一般連語句に近いが，一般連語句よりはその構成語の結びつきが強く，結合度が高い。したがって，次の(14a)のように慣用句の名詞からその後にくる動詞を予測したり，(14b)のように動詞からその前にくる名詞を予測したりできる。

(14) a. 嘘を〜，風邪を〜，汗を〜，電報を〜，駄目を〜，…
  b. 〜を持ちくずす，〜をこまぬく，…

　日本語の母語話者なら，(14a) と (14b) の〜を問題なく埋めることができるだろう（「嘘を<u>つく</u>」「風邪を<u>引く</u>」「汗を<u>かく</u>」「電報を<u>打つ</u>」「駄目を<u>押す</u>」「<u>身</u>を持ちくずす」「<u>手</u>をこまぬく」）。名詞や動詞の相手になる語が複数である場合があるが（「愚痴をこぼす／言う」「電話をかける／する」「具合がいい／悪い」），このような表現は置き換えられる語の数が限られている点で一般連語句とは異なっている（このことに関しては第2章でもう少し詳しく述べる）。
　ここで注目すべきなのは，宮地氏は構成語の結合度の強さのみを基準として「連語的慣用句」と「一般連語句」を区別しており，句全体の意味を構成語から導き出せるかどうかということは問題にしていない。これに対し，「**比喩的慣用句**」は次の (15) のように，連語的慣用句と同じように結合度が高く，そのうえ，句全体が比較的明確な比喩的意味を持っている。

(15) 　お茶をにごす，兜をぬぐ，骨身にしみる，肝に銘じる，顔が
　　　立つ，口が重い，雲をつかむよう，血を吐く思い

　(14) に示した「嘘をつく」の「嘘」や「風邪を引く」の「風邪」は，これらの句の中でもそれぞれの普通の意味を保っているのに対し，(15) の「お茶をにごす」は句全体で「表現や態度を曖昧にする」ことを表しており，この意味は「お茶」とは関係がない。また，同じく (15) の「顔が立つ」は「名誉が保たれる」といった意味であるが，この「顔」は身体語彙の「顔」ではなく，「面目・名誉」を表している。このように「比喩的慣用句」の意味は，個々の構成語の意味が単に足されたものではなく，「化学変化のように融合して新しい派生的・比喩的な意味になったもの」である（宮地 (1991 : 70)）。
　さらに，比喩的慣用句は「直喩的慣用句」と「隠喩的慣用句」と

いう二つに分けられる。「**直喩的慣用句**」は次の（16）のように，「〜（の）よう」や「〜（の）思い」などの表現を伴って比喩表現であることを明確に表している。

(16) 雲をつかむよう，水を打ったよう，地獄で仏に会ったよう，わらにもすがる思い，目から鱗が落ちる思い，血を吐く思い

これに対して，(17)の「**隠喩的慣用句**」はこのような表現を伴わず，動詞句や形容詞句のままで派生的，比喩的な意味を表している。

(17) お茶をにごす，兜をぬぐ，骨身にしみる，馬が合う，肝に銘じる，顔が立つ，肩を持つ，手を焼く，口が重い

(16)と(17)のように「直喩的慣用句」と「隠喩的慣用句」は形（見た目）で区別できると言われているが，このような慣用句の実例を見てみると，判断しにくい場合がある。次の用例は『朝日新聞』から拾ったものである。

(18) ○これを読んだとき，目から鱗が落ちる思いがした。
　　○幹部会報告を聞き，目からうろこが落ちた。
(19) ○生の声で歌われた曲が骨身に染みた。
　　○見終わってからじんわりと骨身に染みるような話が多い。

上のように，「直喩的慣用句」とされている表現も（「目から鱗が落ちる（思い）」），「隠喩的慣用句」とされている表現も（「骨身にしみる（よう）」），直喩と隠喩の区別を示す語を伴ったり伴わなかったりする場合がある。このことから，「直喩的慣用句」と「隠喩的慣用句」は明確に区別できないところがあると言えそうである。

以上のことをまとめると，図2のようになる。

図2 慣用句の下位分類

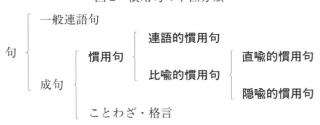

(宮地 (1982b: 238) 一部変更)

3 「風邪を引く」や「目が高い」は慣用句ではない？
 ——狭い意味でいう慣用句——

　これまで述べてきたように，宮地氏はそれ以前の研究で提唱されていた慣用句の定義と範囲をかなり限定したが，この定義・範囲をさらに限定している研究がある。それは,「慣用句」と「連語」を区別している研究である。[5] 大まかに言えば，ここでいう「慣用句」は宮地氏の「比喩的慣用句」にほぼ対応しており，また「連語」というのは宮地氏の「連語的慣用句」にほぼ対応している。ただし，ここでいう「連語」は慣用句の範囲から除外されている。

　ところで,「慣用句」と「連語」は両方とも二つ以上の単語が常に連結して用いられるものであり，構成語を類義語で置き換えることが難しい，あるいはできない。たとえば次の (20) の「足を洗う」（慣用句）と「風邪を引く」（連語）の場合を考えてみる。

(20) ○足を洗う／×脛を洗う／×手を洗う
　　 ○風邪を引く／×風邪をとる／×風邪を持つ

この例のように「足」や「引く」を別の名詞や動詞に置き換えると，本来の意味（句全体としての意味）が成り立たなくなる。また,「慣

---

[5] 詳細は国広 (1985, 1997), 籾山 (1997), 高木 (2005) などを参照。

用句」および「連語」は文法的な変化が許されないことが多い。たとえば (21a) のように，「風邪を引く」を受身表現にするのが難しいし，(21b) のように「足を洗う」を名詞句に転換できない。

(21) a. ○風邪を<u>引い</u>てしまった／？息子に風邪を<u>引か</u>れて困った
　　 b. ○私はその仕事から<u>足を洗った</u>／×私がその仕事から<u>洗った足</u>…

では，このような共通点を持つ「慣用句」と「連語」はどのような点で区別できるだろうか。先の「足を洗う」と「風邪を引く」を比べてみる。「足を洗う」は「よくない仕事をやめたり，悪い生活態度を改めたりする」意味を表しているが，これは普通の句としての意味，つまり「水などで足からよごれを洗い落とす」という意味とは異なっている。これに対し「風邪を引く」は，句全体の意味が構成語の通常の意味の積み重ねから理解できる句で，文字どおりの解釈しかできない。このように句全体の意味を構成語の意味から導き出すことができないものは「**慣用句**」として分類され，これができるものは慣用句の範囲から除外され，「**連語**」として分類されることになる。

上の分類からもう少し例を挙げると，次のようなものがある。

(22) **慣用句**： 足を洗う，羽をのばす，腹が立つ，道草を食う，肩を落とす，骨を折る，手を切る，あっけにとられる，白羽の矢が立つ，六日のあやめ，顎を出す，頭をかく，…

(23) **連　語**： 風邪を引く，電話をかける，電報を打つ，愚痴をこぼす，将棋をさす，碁を打つ，我を張る，傘をさす，…[6]

---

[6] ところが国広 (1985: 7) は「慣用句」と「連語」を区別しながらも，「連語」を「広義の慣用句」とみなしている。なお国広は「六日のあやめ，十日の

国広(1985)と籾山(1997)は同じように「慣用句」と「連語」を区別しているが，籾山氏がさらに「直喩的慣用句」と「隠喩的慣用句」の一部を「慣用句」の範囲から除外している点は注目すべきである。

まず，「直喩的慣用句」について考えてみよう。先に述べたように，直喩的慣用句は次の(24)のように，通常「～(の)よう」や「～(の)思い」を伴って比喩表現であることを明確に示しているものである。

(24) 雲をつかむような(話)，水を打ったように(静かになった)，わらにもすがる思い(で質問します)

籾山氏は，このような表現は「～(の)よう」や「～(の)思い」を伴った結果，句全体の意味は個々の構成語の意味の積み重ねから理解できることになるので，比喩や転義から成立しているとは言えない，と主張している。

たとえば，「雲をつかむような(話)」について言えば，この「話」をつかむ難しさは「雲」をつかむ難しさにたとえられているのだが，「ような」が用いられているため，「雲」と「話」の関係は言葉で明確に表現されている。そして「雲」は漠然としたものや，とらえどころのないものと理解できるので，「雲をつかむような」の句全体の意味である「漠然としていて，まったくとらえどころがないことのたとえ」というのは，個々の語の意味の積み重ねから理解できると言える。したがって，この表現は慣用句ではない，ということになる。他の「直喩的慣用句」に関しても同じことが言える。ただし，このような表現は「風邪を引く」と同じように，構成語の結合度が高いので，「連語」と呼ぶことができる。

次は「隠喩的慣用句」についてであるが，籾山氏は「足を洗う」

菊」や「言わぬが花」をそれぞれ「慣用句」と「連語」として分類しているが，先に見たように，このような表現を「ことわざ」として分類する研究もある。

「腹が立つ」「骨を折る」「あっけにとられる」など，いわゆる「隠喩的慣用句」の多くを慣用句とみなしているが，次の (25) のような表現は慣用句ではないと言う。

(25)　目が高い，手が足りない，風雪に耐える，...

なぜかと言うと，これらは句全体の意味が個々の構成語の意味の積み重ねから理解できると思われるからである。次の (26) の「目が高い」について考えてみる。

(26)　A：「この器はすばらしいですね。」
　　　B：「これのよさがおわかりになるとは，さすがにお目が高いですね。」（『標準』）

この例からうかがえるように，「目が高い」の「目」は身体部位の「目」を表しているのではなく，別の（独立した）意味を表していると言えそうである。具体的には，この「目」はものの良否や善悪を見分ける能力，つまり〈鑑識力〉を表していると考えられる。また，「目が利く」「目が肥える」「〜を見る目がある」にもこの〈鑑識力〉といった意味が認められる。このことから，「目が高い」の「目」はやはり〈鑑識力〉という独立した意味を表していると言える。

　上のように考えると，「目が高い」の句全体の意味である「人やもののよしあしを見分ける能力がすぐれている」は個々の構成語の意味の積み重ねから理解できると言えることになる。よって「目が高い」は慣用句から除外されることになり，連語として分類される。「手が足りない」や「風雪に耐える」に関しても同様である。「手が足りない」の「手」は〈働く人〉を表しており，「風雪に耐える」の「風雪」は〈きびしい試練〉を表していると素直に理解できるからである。

　上のことをまとめると，籾山氏は宮地氏の「連語的慣用句」と「直喩的慣用句」，そして「隠喩的慣用句」の一部のもの（図 2）を

「慣用句」の範囲から除外しているので,宮地氏が提唱している慣用句の範囲をかなり限定しており,「慣用句」を比較的狭い範囲のものとしてとらえていることになる。

4　本書でいう慣用句
―慣用句の三つの性質―

　これまで述べてきたさまざまな例から分かるように,慣用句の定義・範囲には決定的なものがなく,研究者によってもどのようなものを慣用句とみなすかが異なっている。本章では,そのような慣用句の定義・範囲に関する代表的な研究をいくつか紹介したが,これらのほかにもさまざまな研究がある。英語慣用句の研究に関しても同じことが言える。この問題は慣用句の研究における大事な問題であるが,「はじめに」で述べたように,本書の主眼は別の問題,つまり慣用句の性質と慣用句の比較対照の方法の問題にあるので,慣用句の定義に関しては以上の紹介にとどめておく。そして,本書での慣用句の定義と範囲については,宮地氏の次の定義を採用する。

(27)　単語の二つ以上の連結体であって,その結びつきが比較的固く,全体で決まった意味を持つ言葉である。(宮地 (1982b))

　もう少し詳しく言うと,本書の考える慣用句とは,次の三つの性質を持った表現である。

(28) a.　一般連語句より構成語が固定していること,要するに,構成語を類義語で置き換えたり,構成語の順番を変えたりするのが難しいこと。たとえば「脛をかじる」や「手を焼く」を「×足をかじる」や「×手を燃やす」などの形にしたり,「手も足も出ない」を「×足も手も出ない」にしたりすることができない。この性質を「形式的固定性」と呼ぶ。

b. 一般連語句より文法的な制約が強いこと。たとえば「昨日ケーキを焼いた」（一般連語句）は名詞句に転換できるが（「昨日焼いたケーキは…」）,「手を焼く」（慣用句）は名詞句に転換できない（「×焼く手／×焼いた手／×焼いている手」）。この性質を「統語的固定性」と呼ぶ。

c. 句全体の意味が句を構成する個々の語の意味の積み重ねと一致しないこと。たとえば「頭にくる」について言えば，この句の表す「かっとなる」といった意味は，その構成語である名詞「頭」と動詞「くる」の通常の意味や，これらの語間の文法的な関係からは導き出されない。この性質を「意味的固定性」と呼ぶ。

以上の三つの性質に関して，本書では，日本語慣用句と英語慣用句の用例を取り上げながら，それぞれの性質について詳しく見ていくことにする。第2章では慣用句の「形式的固定性」を扱い，第3章では文法面（「統語的固定性」）を述べる。そして第4章では慣用句の構成語の意味と句全体の意味の関係について取り上げる（「意味的固定性」）。これらの性質が絶対的なものではなく，個々の慣用句によってその度合いが異なることを示す。そして個々の慣用句についてこれら三つの性質の度合いを計り，個々の慣用句の「慣用句らしさの度合い」を明らかにできることや，さらに慣用句を「典型的なもの」から「周辺的なもの」まで分類できることを述べる。

第 2 章

「陰口をきく」のか「陰口をたたく」のか
──慣用句の「形式的固定性」について──

1 慣用句の単語をいじってはいけない，って本当？

何年か前に，日本で人気のある海外テレビドラマに次のような場面があった（『ER 緊急救命室 IX』第5話）。クロアチア出身の医者とアメリカ人の看護師が口喧嘩をしている場面である。

(1) 看護師 A： I'm not working with him!
(あの人なんかと仕事したくない！)
看護師 B： Why?（どうして？）
看護師 A： Because he treats nurses like idiots.
(彼は看護師のことを馬鹿扱いしているから)
医者： If the boot fits ...
看護師 B： Shoe.
医者： Whatever.（どうでもいい）

この医者は if the shoe fits, wear it といった慣用句を使って「あなたは馬鹿だから，馬鹿扱いされるのは当たり前だろう」と言おうとしている。この慣用句の文字どおりの意味は，「その靴がぴったり合うなら，それを履きなさい」ということであり，「言われたことが自分に当てはまるなら，素直に受け入れなさい」という意味で用いられている。しかしこの医者は間違えて shoe の代わりに boot と言ってしまったので，看護師 B は彼の表現を直しているわけである。If the shoe fits ... は慣用句であり，この句に含まれている単語の結びつきが強いので，shoe を類義語の boot に入れ替えることはできない。

以上のように，慣用句において構成語の結合度が高いということは，従来慣用句の特性の一つとして指摘されてきた。第1章で述べたように，慣用句とは二つ以上の単語が常に連結して使われるもの，あるいは単語の結びつきが比較的固いものとされている。[1] 会

---

[1] 宮地（1982b），国広（1985），籾山（1997）を参照。

話や文章に使われる前に,その形が一つのかたまりとしてすでに定まっている,ということである。だから,次の (2) のように,慣用句の構成語を類義語や対義語に入れ替えたり,構成語の順序を変えたりすることは普通できない。

(2) ○お茶をにごす／×煎茶を濁す
　　○油を売る／×油を買う
　　○根も葉もない／×葉も根もない

英語慣用句に関しても同じことが言える。

(3) ○ kick the bucket（死ぬ）/ × kick the pail
　　○ lend a hand（お手伝いする）/ × borrow a hand
　　○ rain cats and dogs（雨が土砂降りに降る）/ × rain dogs and cats

この特性は「形式上の固定性」や「安定性（Stabilität）」と呼ばれることがあるが,[2] ここでは便宜的に「形式的固定性」という言葉を使い,この特性を次のように定義しておく。

(4)　慣用句は一般に,構造が変化したり,構成語が省略または付加されたり,他の語に入れ替えられたりすることがない。

(石田（1998：44））

ところが,この「形式的固定性」は絶対的な特性ではない。言い換えれば,すべての慣用句は形式的な変化をまったく示さないわけではない。たとえば,日本語慣用句には次のような言い換えが可能なものがある。

(5) ○陰口をきく／○陰口をたたく
　　○喧嘩を売る／○喧嘩を買う

---

[2]「形式上の固定性」は村木（1985, 1991）の用語で,「安定性（Stabilität）」はドイツ語の慣用句を扱っている伊藤（1989, 1997b）の用語である。

○手を抜く／○手抜き（をする）

　英語慣用句の中にも同じような現象が見られる。

(6)　○ throw in the towel / ○ toss in the towel（あきらめる）
　　　○ keep one's cool / ○ lose one's cool（冷静さを保つ／失う）
　　　○ blow the whistle / ○ whistle-blower（告発する／告発者）

　(5) と (6) のような表現のペアは互いに単語や構造が少しずつ違うが，形式的にも意味的にも共通の部分が多いので，対応関係にあると言える。また，それぞれの表現が一般に使われており，辞典の見出し語にもなっていることから，安定した表現だと言える。ここでは，上のような表現のペアを「慣用句の変異形（idiom variations)」と呼ぶことにする。

　なお，上のような表現のペアの由来を調べれば，たとえば「手を抜く」から「手抜き」のように，どちらが先に作り出されたのか，どちらがそこから派生したのかということが分かるはずである。しかしながらここでは，部分的に一致している二つの表現が両方とも一般に使われていることに重点を置き，どちらが「基本形」であり，どちらが「派生形」であるかということは問題にしない。上のような表現は，互いが互いの変異形であるとみなすことにする。

　本章では，日本語と英語の慣用句に見られるさまざまな「変異形」を整理し，比較する。そして慣用句が形式的な変化を許すにはどのような意味があるかについて考えていく。[3]

2　「陰口をきく」のか「陰口をたたく」のか
　　──類義関係にある慣用句──

　日本語の慣用句は，構成語が他の語と入れ替わることがある。こ

---

[3] 本章の考察は主に石田（1998）と Moon（1998）を参考にした。石田は日本語の変異形を考察しており，Moon は英語の変異形を考察している。

ういった変化にかかわる変異形には，まずほぼ同じ意味を表しているものがある。たとえば次の例を見てみよう。

(7)　陰口を<u>きく</u>／<u>たたく</u>　　　　大きな口を<u>きく</u>／<u>たたく</u>
　　　顔色を<u>窺う</u>／<u>見る</u>　　　　　目鼻が<u>付く</u>／<u>立つ</u>
　　　お目玉を<u>食う</u>／<u>食らう</u>／<u>頂戴する</u>　目が<u>飛び出る</u>／<u>飛び出す</u>
　　　口を<u>挟む</u>／<u>差し挟む</u>　　　　鼻柱を<u>折る</u>／<u>へし折る</u>

　(7)に示した例は，慣用句の動詞が他の動詞や複合動詞と交換できる場合である。このようなものの中には，慣用句の中で用いられているそれぞれの動詞も慣用句自体も類義語である場合がある（「鼻柱を折る／鼻柱をへし折る」）。しかしそれぞれの慣用句に含まれている動詞自体は類義関係になくても，慣用句自体が互いに類義関係をなしているものもある。たとえば「きく」と「たたく」は類義語ではないが，「陰口をきく」と「陰口をたたく」は同じ意味を表す。「目鼻が付く／目鼻が立つ」に関しても同様である。したがって，上のような慣用句はすべて「類義関係にある変異形」となる。

　次に名詞の交換を見てみよう。以下のように，慣用句の名詞が（その名詞を含む）複合名詞と交換できる場合がある。

(8)　<u>目</u>／<u>目(の)玉</u>が飛び出る　<u>耳</u>／<u>小耳</u>に挟む
　　　<u>鼻</u>／<u>鼻(の)先</u>で笑う　　　<u>鼻</u>／<u>鼻柱</u>／<u>鼻っ柱</u>を折る
　　　<u>鼻</u>／<u>鼻の先</u>であしらう　<u>口</u>／<u>口裏</u>を合わせる
　　　<u>眉</u>／<u>眉根</u>をひそめる　　<u>お目玉</u>／<u>大目玉</u>を食らう

上の表現はそれぞれ，同じ構造と，部分的に同じ構成語を持つもの同士であり，そしてほぼ同じ意味を表しているものなので，「類義関係にある変異形」と言える。ただし，一方が他方の意味を強調したり，やわらかくしたりしている場合がある。たとえば，「お目玉を食う」と「大目玉を食う」は両方とも「怒られる，叱られる」ことを表すが，次の例から分かるように，「大目玉を食う」は「お目玉を食う」の強調した表現である。

(9) 子供のころ広げた線路を片づけるのが惜しくて親から ｛お目玉を食った／大目玉を食った｝ ことがある。

また，「耳に挟む」の代わりに「小耳に挟む」を使うと，「ちらっと聞いた」という意味が強まる。

　名詞の交換にかかわる変異形の中には，(8)や(9)のようにその名詞を含む複合名詞に言い換えられる場合のほかに，次の例のように名詞自体がまったく違う名詞と入れ替わっている場合がある。

(10)　目／視線を向ける　　　　　目／視線をそらす
　　　目／視点を据える　　　　　目／視界に入る
　　　口／言葉を挟む　　　　　　口／言葉をにごす
　　　口／顎が干上がる

　ところで「口が干上がる」と「顎が干上がる」は両方とも慣用句であるとみなすことができるとしても，「視線をそらす」や「視界に入る」のような表現は，本章の「変異形」の定義には当てはまるものの，慣用句であるとは言い難いかもしれない。しかしながら，「目をそらす」や「目に入る」の「目」がこのように他の語と入れ替え可能であるということは，それ自体重要なことであり，後に述べるようにこれらの慣用句の形式的固定性の度合いを計る際にも参考になる。

女性なら「道草を食べる」のか

　少し余談になるが，慣用句の動詞の交換に関して面白い例を一つ紹介したい。これは，尾崎紅葉の小説『金色夜叉』からのものである。[4]

(11)　「先程からお座敷ではお待兼(まちかね)でゐらつしやいますさうで御座いますから，直(すぐ)に彼方(あちら)へお出(いで)あそばしますやうに。」

---

[4] 尾崎紅葉『金色夜叉(中編)』第四章(三)(春陽堂版，1898-1903/1976), p. 108。

「おや，然(さう)でしたか。随分先から長い間道草を食べましたから。」

　現代日本語の話者の感覚では，「道草」は「食べる」ものではなく，「食う」ものである。上の動詞の入れ替えにはどのような趣旨があるのだろうか。そして「道草を食べる」は「道草を食う」の変異形と言えるのだろうか。
　『金色夜叉』のこの場面では，お金持ちの令夫人となった中流階級出身の富山宮（旧姓鴫沢）が貴族の屋敷を訪問し，畔柳静緒(くろやなぎ)という，貴族の財産管理人の娘と一緒に屋敷の庭を散歩している。「腰元」（貴人に仕える侍女）がこの二人を呼びに来たところ，宮のほうが上の台詞で答える。「道草を食う」を「道草を食べる」に言い換えたのは，「食う」を下品な言葉として避け，上流社会における女性の上品な言葉遣いを表していると思われる。
　なお，「道草を食べる」という表現が当時どの程度使われていたのか分からないので，これは明治時代の慣用句の「変異形」とは言い難いが，ここでは尾崎紅葉の工夫が見られる。つまり以前の「鴫沢宮」といった中流階級の少女と，現在の「富山宮」といった立派な貴婦人との立場の違いを言葉遣いの面から描写しているわけである。[5]

3　hit the hay と言っても hit the sack と言っても「寝る」ことになる

　英語慣用句の中にも，動詞と名詞の交換にかかわる変異形が多い。まず動詞の交換だが，日本語の場合と同じように，動詞が入れ替わっても，慣用句全体としての意味には変化がない場合が多い。たとえば，次のような例がある。

---

[5] 上に述べたことは森野（1991: 231-232）の考察による（「女性語の歴史」『講座日本語と日本語教育 10』明治書院）。

(12)　set/start the ball rolling（活動を始める）
　　　stick/stand out like a sore thumb（ひどく目立つ）
　　　throw/toss in the towel（あきらめる，降参する）
　　　lay/place/put one's cards on the table
　　　（計画を公開する，もくろみをさらけ出す）
　　　set/lay eyes on（見かける，初めて見る）
　　　clutch/grab/grasp/seize/snatch at straws
　　　（わらにもすがる）

　動詞と句動詞の入れ替えにかかわる変異形もある。「句動詞」とは，(13)の sort out や step into のように，「動詞＋不変化詞」からなっている句のことである。これらの句動詞は次の例にあるようにそれぞれ separate, fill に入れ替え可能である。

(13)　separate/sort out the sheep from the goats
　　　（善人と悪人，またはすぐれた人と劣った人とを区別する）
　　　fill/step into someone's shoes
　　　（人の後継者として十分に責任を果たす，人に取って代わる）

　(12)と(13)に挙げたすべての変異形は，その慣用句内で用いられている動詞の意味も慣用句全体としての意味もほぼ同じである。たとえば，throw と toss は両方とも「投げる」という意味を表しており，さらにまた throw in the towel と toss in the towel は両方とも「降参する，あきらめる」という意味を表している。ところで，先に見た日本語慣用句の場合と同じように，英語慣用句においても，それぞれの表現に含まれている動詞は類義語ではなくても，慣用句自体が互いに類義関係をなしている場合が多い。次はその例である。

(14)　bend/stretch the rules（規則を曲げる，拡大解釈する）
　　　clap/set (lay) eyes on（見かける，初めて見る）
　　　lose/blow one's cool（冷静さを失う，かっとなる）

get/put someone's back up（人を怒らせる，頑固にする）
lick/knock/whip something into shape
（鍛えて望みのものに仕上げる）

(14) の lick/knock/whip something into shape は少し複雑な例である。というのも，現代の英語では lick/knock/whip といった動詞は三つとも「叩く，殴る」といった意味を表しており，互いに言い換えられる場合が多いからである。たとえば，

(15) Johnny and Sammy got into a fight last week and Johnny {licked/whipped} Sammy.
　　（ジョニーとサミーは先週喧嘩をしちゃって，ジョニーはサミーを叩きつぶした）

と，どちらの動詞も用いることができる。knock に関しては，Johnny knocked Sammy around（ジョニーはサミーを（続けざまに）殴った）や Johnny knocked Sammy out（ジョニーはサミーを叩きのめした）のように，knock を含む句動詞を用いることが必要になるので，この動詞は表現の面では lick と whip とは多少違うが，上の例から分かるようにこの三つには共通の意味がある。したがって，現代英語の話者に聞いてみれば，おそらく lick/knock/whip something into shape の三つの動詞は「叩く，殴る」意味を表していると言うだろう。しかし，lick something into shape という表現は，本来「熊の親が形の定まらないままで生まれる子熊をなめて形を整える」といった，昔の西洋の言い伝えに由来すると言われている。[6] したがって lick/knock/whip something into shape という変異形に関しては，knock と whip は互いに類語関係にあると認められるものの，lick は本来はこの二つとはまったく関係ない意味を示していたのである。

---

[6] Moon (1998: 125) や『研究社-ロングマン イディオム英和辞典』を参照。

次に名詞の入れ替えについて述べる。(16)のように、変異形同士の名詞がほぼ同じ意味を表している場合がある。たとえばringsとcirclesは両方とも「輪」を意味しており、calmとlullは両方とも「静けさ、中休み」を意味する。

(16)　a skeleton in the closet/cupboard
　　　（外聞をはばかる（一家の）秘密）
　　　run rings/circles round someone（人よりはるかにまさる）
　　　the calm/lull before the storm（あらしの前の静けさ）

また、日本語慣用句には見られない現象として、英語には名詞の単数形と複数形にかかわる変異形がある。以下の表現は、単数形になったり複数形になったりする場合がある。

(17)　take the wind out of someone's sail/sails
　　　（人を出し抜く、鼻をあかす）
　　　test the water/waters（さぐりを入れる、様子をみる）
　　　a skeleton/skeletons in the family closet
　　　（外聞をはばかる一家の秘密）

とはいえ、実際には次の例のように単数形または複数形に固定している慣用句のほうが多い。慣用句の「固定性」の特徴ということであろう。

(18)　○ kick the bucket（死ぬ）/ × kick the buckets
　　　○ throw in the towel（あきらめる、降参する）/ × throw in the towels
　　　○ rain cats and dogs（雨が土砂降りに降る）/ × rain a cat and a dog
　　　○ spill the beans（秘密をもらす）/ × spill the bean

名詞の交換にかかわる変異形は、先ほど見た動詞の交換と同じように、慣用句内で用いられている名詞がそれぞれ互いに違う意味を

表しているにもかかわらず,慣用句全体としてみると互いに類義関係にある場合が多い。

たとえば,burn one's boats/bridges というのがある。この例では boats（船）と bridges（橋）はそれぞれ異なった意味を表しているが,burn one's boats と burn one's bridges は両方とも「退却の道を断つ」という意味を表す。これらの変異形を聞いた（見た）とき,「船」のイメージを思い浮かべるか「橋」のイメージを思い浮かべるかという点で違うかもしれないが,句としての意味は変わらない。このほか,次のような例がある。

(19) throw someone to the wolves/lions/dogs
　　 （人を冷然と見殺しにする,犠牲にする）
　　 a tower/pillar of strength（たよりになる人,柱石）
　　 hit the hay/sack（寝る,眠る）
　　 lose one's mind/marbles（頭がおかしくなる,分別をなくす）

ところで,このような慣用句の名詞はそれぞれ類義語ではないものの,互いに意味的な関連性が認められる場合がある。throw someone to the wolves/lions/dogs について言えば wolves（狼）,lions（ライオン）,dogs（（野生の）犬）はすべて「獰猛な動物」である。また,a tower/pillar of strength における tower（やぐら,塔）と pillar（柱）は,両者とも「建物を保護する（支える）垂直のもの」を表す。

一方 hit the hay/sack は,この慣用句の由来に関する知識がない限りは hay（干し草）と sack（袋）との関連性が認められないだろう。20世紀始めごろのアメリカでは,ベッドのマットレスには干し草を詰めた袋が使われていたのだが,英語の話者の中にこのことを知っている人は少ない。また,lose one's mind/marbles といった慣用句の由来は不明であるので,歴史的な観点から考えても mind（知性,理性）と marbles（ビー玉）との間には関連性が認められない。

4 イギリス人は **wear the trousers**, アメリカ人は **wear the pants**

　英語慣用句に関しては，類義関係にある変異形の特別な場合としては「イギリス英語」と「アメリカ英語」の違いにかかわるものがある。

　イギリスで使われている英語とアメリカで使われている英語は発音やつづり字，また語彙などの面で様々な違いがある。語彙の面に注目すると，たとえばイギリス英語では flat（アパート）や petrol（ガソリン）と言うが，アメリカ英語では apartment や gas(oline)と言う。多くの英語慣用句は，イギリス英語とアメリカ英語との両方に用いられているが，イギリス英語・アメリカ英語間に構成語が少し異なる場合もある。このような場合は，「イギリス英語・アメリカ英語の変異形」と言う。[7]

　まず，名詞の交換にかかわる変異形を見ていく（斜線の左はイギリス英語の表現，斜線の右はアメリカ英語の表現。[　] は任意の要素を表す）。

(20)　throw a spanner/[monkey] wrench in[to] the works
　　　（《計画や仕事の進行に》じゃまを入れる，ぶちこわす）
　　　wear the trousers/pants（家庭内の主導権を握る）
　　　a skeleton in the [family] cupboard/closet
　　　（外聞をはばかる（一家の）秘密）
　　　in the driving/driver's seat（支配的立場にいる）

---

　[7] この節で述べる「イギリス英語・アメリカ英語の変異形」のほかに，come a cropper（「大失敗する」）のようにイギリス英語のみに用いられる慣用句や，out of left field（突拍子もない）のようにアメリカ英語のみに用いられる慣用句がある。これらはそれぞれ，アメリカ英語とイギリス英語においては類似表現が存在しないので，「変異形」ではなく，イギリス英語独特の慣用句，アメリカ英語独特の慣用句とみなす。

上の表現のペアは形式的にも意味的にも対応関係にあるが，構成語の名詞は違う。このような違いは，上に見た flat/apartment や petrol/gas の違いに準ずるものである。たとえば，イギリス英語では「ボルト頭またはナットを回転させる工具」を spanner と言うのに対して，アメリカ英語では同じものを [monkey] wrench と言うので，throw a spanner/[monkey] wrench in[to] the works といった変異形はこれらの単語の使い分けを反映している。wear the trousers/pants に関しても同様である。アメリカ英語では「ズボン」のことを pants と言うが，イギリス英語では pants は下着を示すことが多く，「ズボン」は trousers と言う。

　上の場合とは違って，イギリス英語とアメリカ英語の単語の規則的な使い分けとは関係のない名詞の交換がある。

(21)　if the cap/shoe fits
　　　（その言葉に思い当たるなら自分のことと思うがよい）
　　　keep one's hair/shirt on
　　　（あわてないで少し待つ，あせらない）
　　　too big for one's boots/britches（生意気にでしゃばる）

　cap「帽子」と shoe「靴」，hair「髪の毛」と shirt「シャツ」，boots「ブーツ」と britches「ズボン」は互いにまったく違う意味を表しているものの，上の表現のペアは全体として類義関係をなしている。このような変異形がなぜ生まれたのかは，イギリス英語・アメリカ英語それぞれの歴史・文化的な原因があったと推測できるが，具体的な記録がない場合が多いので，このような変異形の由来は謎のままとなっている。

　上に挙げた変異形のほかに，もう少し複雑なものがある。

(22)　a storm in a teacup / a tempest in a teapot
　　　（内輪もめ，空騒ぎ）

　この二つは「a + 名詞 + in a + 名詞」のように構造的にもまた意

味的にも対応しているが，構成語の名詞は両方とも違うので，語彙の面では共通の部分が少ない。しかし，storm（あらし，暴風雨）とtempest（大あらし，暴風雨），そしてteacup（紅茶茶碗）とteapot（ティーポット，急須）は互いに類似・関連した意味を表しているので，a storm in a teacup［イギリス英語］と a tempest in a teapot［アメリカ英語］はやはり変異形とみなすことができる。

　動詞の入れ替えにかかわるイギリス英語・アメリカ英語の変異形は，名詞の入れ替えに比べれば少ないが，[8] 次のような例がある。

(23)　flog/beat a dead horse（無駄な努力を続ける）
　　　let off/blow off steam（うっぷんを晴らす）
　　　touch/knock on wood
　　　（今口にした幸運が続くように唱えるまじないの文句。しばしば木製の机や柱に触れながら言う）

ところで，新聞や小説の実例を観察すると，上に述べたイギリス英語・アメリカ英語の変異形の区別があまりはっきりしない場合がある。イギリスではアメリカの文化やマスメディアの影響が強いので，いわゆるアメリカ英語の変異形はだんだんイギリス英語として定着してきている傾向が見られる。たとえば *The Guardian* などのイギリスの新聞を検索すると，次の(24)のように，アメリカ英語の表現とされているa skeleton in the closetの用例が数多く見られる。

(24)　'Even if there are two or three clean years now, there are still guys with skeletons in their closets and those can come out at any time as we've seen.'

(*The Guardian* 2008.1.26)
　　　((サイクリングのドーピング違反について)「これから2～3年間違反がないとしても，いまだにすねにきずを持つ人がいるし，これ

---

[8] この点に関してはMoon (1998: 133) を参照されたい。

まで見てきたように，そういったきず［不正な行為］がいつばれて
しまうのか分からない」)

　また，これとは逆に，いわゆるイギリス英語の慣用句がアメリカ
英語に幅広く使われる場合もある。*The New York Times* や *Washington Post* などの新聞を検索してみると，blow off steam［アメリカ英語］のほかに，let off steam［イギリス英語］の用例が数多くある。次の (25) はその一例である。

(25)　If you get a rude note, go ahead and let off steam by writing a response. But don't send it.

(*The New York Times* 1995)

　　　（無礼なメールをもらった場合は，どうぞ返事を書いてうっぷんを
　　　晴らしてください。しかしその返事を送らないでください）

　なお，このように「イギリス英語」と「アメリカ英語」の区別が
曖昧になった変異形は，上に見た一般の「類義関係にある変異形」
に近いものとなる。

5　「肩身が狭い」と言えるが，「顔が狭い」とは言えない
──対義関係にある慣用句──

　これまでは，互いにほぼ同じ意味を表している慣用句の変異形を
見てきたが，互いに反対の意味を示している慣用句もある。まず日
本語の用例を見てみる。

(26)　歯切れがいい／悪い　　　　肩身が狭い／広い
　　　口が重い／軽い　　　　　　気が強い／弱い
　　　見る目がある／ない　　　　口を開く／閉ざす（閉じる）
　　　手を借りる／貸す　　　　　喧嘩を売る／買う

　こういった慣用句を「対義関係にある変異形」と呼ぶことにす

る。「手を借りる／貸す」や「肩身が狭い／広い」のように，慣用句の動詞あるいは形容詞が対義語によって入れ替えられるもので，慣用句全体が互いに反対の意味を表す場合が多い。しかし，慣用句の動詞や形容詞に対応する対義語が存在するとしても，その入れ替えによって対義の慣用句が成立するとは限らない。

(27) 　○目が高い／×低い　　　○耳が遠い／×近い
　　　○顔が広い／×狭い　　　○顔を売る／×買う
　　　○顔を貸す／×借りる　　○口が堅い／×柔らかい
　　　○気が多い／×少ない

したがって，(27)の「目が高い」や「顔が広い」などに比べれば，先ほど(26)で見た「手を借りる／手を貸す」や「肩身が狭い／肩身が広い」などは，形式的固定性の度合いが低いということになる。動詞や形容詞の交換が許されるからである。

　また，慣用句の構成語が対義語によって入れ替えられる場合でも，表現間に反対の意味以上の意味的なずれが生じることがある。たとえば，次のように，(28a)「口が軽い」は「おしゃべりである」といった意味で，(28b)「口が重い」の反対の意味を表す。

(28) a. 　気分がほぐれるにつれて，だんだん口が軽くなった。
　　 b. 　自分の過去のことになると彼女は少し口が重くなった。

しかし，「秘密にすべきことを軽率に人に話してしまう」といった意味の(29a)の「口が軽い」は，(29b)「口が堅い」と対義の関係にある。

(29) a. 　彼は口が軽いので，秘密は話さないほうがいい。
　　 b. 　口が堅い男だから信用できる。

このように，形式から対義の関係にあるように見えても，実際には一対一の関係が認められない場合がある。

6 lose your cool の反対は keep your cool だが，lose face の反対は save face

英語慣用句の中にも次の例のように互いに反対の意味を表しているものがある。

(30)　lose/keep one's cool（冷静さを失う／保つ）
　　　keep one's eye on/take one's eye off the ball
　　　（油断しないでいる／油断してしまう）
　　　get on/off one's high horse
　　　（人を見下した態度をとる／謙虚になる）
　　　get on/off someone's back
　　　（人を悩ます，がみがみ言う／人を悩ますのをやめる，人をほうっておく）
　　　swim with/against the current
　　　（流れや時勢に順応する／流れや時勢に逆らう）

特に多いのは，上の例における keep と lose，keep on と take off，with と against のように慣用句の動詞や前置詞が対義語によって入れ替えられ，慣用句全体が互いに反対の意味となるものである。[9]

ところで，対義関係にある変異形をたくさん見てみると，慣用句の構成語の相手となる語は必ずしも同じものではないことが分かる。lose（失う）を含んでいる慣用句を一例にすれば，まずこの動詞は keep（持ち続ける）といった対義語と交換できる場合が多い。(30) に挙げた lose/keep one's cool のほかに，次のような例がある。

(31)　lose/keep one's temper（怒り出す／我慢する）

---

[9] Moon (1998: 156-157) 参照。

lose/keep one's head（あわてる，めんくらう／冷静でいる）
lose/keep track of something
（途中で分からなくなる／…について常に知っている）

しかし，lose を含んでいるすべての慣用句が keep との交換が可能かというと，必ずしもそうではない。次のように，lose に替わる動詞がtake（取る），have（持つ），save（保つ）となる場合もある。

(32) lose heart / take heart（気落ちする／気を取り直す）
lose one's marbles / have all one's marbles
（頭がおかしくなる／頭がまともである）
lose face / save face（面子を失う／面子を保つ）

多少広く考えれば，take/have/save はすべて lose の対義語であると認められる。なぜかと言うと，前者のものはすべて〈所有〉の意味を表しているのに対して，後者の lose は〈非・所有〉の意味を表しているからである。慣用句の対義関係は一般語彙の対義関係と同じように，かなり複雑な関係をなしており，一対一の関係をなしていないことは興味深い。

7 「手を抜く」ことは「手抜き」とも言う
―慣用句と複合語―

日本語の慣用句の変異形には，「目が覚める」と「目覚める」のように慣用句とそれに対応する複合語といったものがある。

(33) 目に立つ／目立つ　　　　　　　口が堅い／口堅い
目くじらを立てる／目くじら立てる　口が軽い／口軽い
口がうるさい／口うるさい　　　　腹が黒い／腹黒い
歯切れがいい／歯切れいい　　　　耳が遠い／耳遠い
鼻持ちがならない／鼻持ちならない

この種の変異形は，これまで見てきたものとは少し性質が違う。というのは，構成語の交換にかかわる変異形ではなく，構成語の省略から生じる，句の構造的な変化にかかわる変異形だからである。「名詞＋格助詞＋動詞」あるいは「名詞＋格助詞＋形容詞」といった構造を持つ慣用句と，格助詞のない複合語形式が対応するといった関係である。互いに「句」と「語」の違いがあるのは言うまでもないが，変異形間に品詞の違いはない。つまり「目が覚める／目覚める」のように「動詞慣用句／複合動詞」と「腹が黒い／腹黒い」のように「形容詞慣用句／複合形容詞」というものである。

（33）に示した複合語は「鼻持ちならないやつ」「目立たない存在」「口うるさい親」など，名詞の前に立ち，その名詞の意味を修飾・限定する場合が多い。これは「連体修飾の用法」と言われる。しかし，「彼の態度は，まったく鼻持ちならない」「黒と白では大変目立つ」「私はかなり口うるさいです」のように，文の最後に言い切りの形などで使われる場合もあるので，連体修飾の用法は制約とは言えない。

ところで，「目覚める」や「目立つ」など，上に挙げた複合語とは違って，次のような例がある。

(34)　「…あたしたち，奥の部屋で遊ぶんだけど，お父さんと口きいたことないの。」　　　　　　　　　　　　　　（『死に』144）

「目覚める」や「目立つ」は安定したもの（つまりよく用いられるものや，辞典の見出し語として載っているもの）であるのに対して，上の「口きいた」は格助詞が会話の中で臨時的に略された場合にすぎない。よってこのようなものは慣用句の変異形とは言えない。ただし，「目覚める」などの安定した複合語は，このような臨時的な格助詞省略形式から次第に固定してきたものであると考えられる。

上に見た「目が覚める／目覚める」や「腹が黒い／腹黒い」は，慣用句と複合語の間に品詞の違いがない場合だが，「目を覚ます」

と「目覚まし」のように前者は動詞で後者は名詞というような，品詞の違いがある場合もある。

(35) 　目が覚める／目覚め　　　　目を配る／目配り
　　　目鼻が立つ／目鼻立ち　　　目が利く／目利き
　　　耳に障る／耳障り　　　　　耳を打つ／耳打ち
　　　口を添える／口添え　　　　口を利く／口利き
　　　口を出す／口出し　　　　　口を直す／口直し
　　　口を封じる／口封じ　　　　顔を出す／顔出し
　　　顔を繋ぐ／顔繋ぎ　　　　　顔を合わせる／顔合わせ
　　　手を抜く／手抜き　　　　　猫をかぶる／猫かぶり

これらは，動詞慣用句に複合名詞が対応するというものであるが，その複合名詞の中には，動作を表すものが多い。たとえば「口封じ」は「口を封じる」ことを意味し，「手抜き」は「手を抜く」ことを意味している。このような表現には動作を行う人を表すものもある。たとえば次の文のように「猫かぶり」は「猫をかぶる」という動作を表す場合もあるし，「猫をかぶる」人を表す場合もある。

(36) a. 友人に，猫かぶりが上手なのがいる。　［動作］
　　 b. しかし外では，基本的に大人しい猫かぶりです。　［人］

次の例のように「目利き」に関しても同じようなことが言える。

(37) a. プロは自分の目利きで判断する。　［動作］
　　 b. 腕時計の目利きである鈴木社長。　［人］

　また，(35) に示した複合名詞の中には次の例にあるように「する」という動詞がつけられ，全体でもう一度動詞句となって使われるものも少なくない。

(38) 　目配り(を)する　　　　　目利き(を)する
　　　耳打ち(を)する　　　　　口出し(を)する

口添え(を)する　　　口入れ(を)する
口直し(を)する　　　顔合わせ(を)する
顔出し(を)する

したがって，「ちょっと山本さんのところへ顔出ししてこよう」や，「育児に口出しする義父母に困っています」などと言うことが可能である。

このような表現は句全体で一つの動作を表しているが，動作性の意味はもっぱら「顔出し」や「顔合わせ」などの名詞のほうに預けられており，「する」のほうは実質的な意味を表していない。この点でこのような表現は「連絡する」「考慮する」「誘いをかける」など，日本語に多く見られる「機能動詞結合」[10] に似通ったところがある。「連絡する」や「誘いをかける」なども，動作性の意味はもっぱら「連絡」や「誘い」といった名詞のほうにあり，「する」や「かける」といった動詞は文法的な機能を果たしてはいるものの，実質的な意味がないのである。しかしながら「顔出し(を)する」などは，名詞が「顔を出す」などの動詞慣用句から派生して慣用句としての意味を表しているという点では，「連絡」や「誘い」などの一般の名詞を含んでいる機能動詞結合とは違う。よって「顔出し(を)する」などは「慣用句の変異形」とみなすことにする。

8 blow the whistle をする人は whistle-blower だ

上のように，日本語の慣用句には「慣用句とそれに対応する複合語」といった変異形がたくさんあるが，英語の慣用句はどうだろうか。次の (39) は blow the whistle の例である。

(39)　Members of Queensland coastal communities are being

---

[10] 機能動詞結合と慣用句の関係について，村木 (1985, 1991) が詳しく述べている。

asked to <u>blow the whistle</u> on activities that damage the marine environment.

(*Collins Cobuild Dictionary of Idioms*,以下 *CCDI*)
(クイーンズランドの沿岸地域の住民は,海の環境に損害を与えるような活動に対して<u>通報する</u>ように勧められている)

　この例から分かるように,blow the whistle は「悪事を暴露する,不正な(危険な)行為をやめさせる」といった動作を表現し,内部告発に関する新聞記事などで使われることが多い。
　さらにまた blow the whistle という動詞慣用句には,次の例のように whistle-blowing(告発,密告,たれ込み)と whistle-blower(告発者,密告者)といった複合名詞が存在する。

(40) It gives employees who wish to report unsafe practices a privileged route to go down without jeopardising their jobs. It makes <u>whistle-blowing</u> ultimately unnecessary.

(*CCDI*)
(これで,危険なやり方を報告したいと思っている従業員は,自分のポストを危険にさらさずに安全な方法を使える(安全な道を通れる)ようになる。<u>内部告発</u>は結局不必要となるわけである)

(41) The department needs to protect <u>whistle-blowers</u>, health professionals who want and care to make a change in the system. (*CCDI*)
(この部門では<u>内部告発者</u>,つまり医療制度を改善したい,改善しようと思っている医療サービスの専門家を守るべきである)

　(39)-(41)に示した表現の構造を考えると,whistle-blowing と whistle-blower は両者とも,blow the whistle の動詞(blow)と名詞(whistle)を入れ替えて定冠詞 the を省略して複合名詞となっているわけであるが,前者は -ing を付加し「動作」を表しているのに対して,後者は -er を付加し「動作を行う人」(動作主)を表して

いる。[11] 以下の例のように，(a) 動詞慣用句，(b) 動作を表す複合名詞，(c) 動作主を表す複合名詞，といった三者間の対応関係を示している慣用句と複合名詞はほかにもたくさんある。

(42) a. blow the whistle（悪事や不正・危険な行為を暴露する）
　　 b. whistle-blowing（告発，密告，たれ込み）
　　 c. whistle-blower（告発者，密告者）
(43) a. blaze a [the] trail（活動・学問などで新しい道や分野を開く）
　　 b. trailblazing（道を切り開くこと）
　　 c. trailblazer（道を切り開く人，先駆者，開拓者）
(44) a. lick someone's boots（権力を持つ人にへつらう，人にこびる）
　　 b. boot-licking（人にこびること，おべっかを使うこと）
　　 c. bootlicker（人にこびる人，おべっか使い）
(45) a. pass the buck（責任を転嫁する）
　　 b. buck-passing（責任転嫁，責任のがれ）
　　 c. buck passer（責任転嫁をする人）
(46) a. split hairs（議論などで不必要に細かい区別立てをする）
　　 b. hairsplitting（つまらない区別立て，細かいことにこだわること）
　　 c. hairsplitter（ささいなことにこだわる人，屁理屈屋）

　上に挙げた複合名詞は，日常会話や新聞・小説などでよく用いられ，慣用句辞典や英英辞典に載っているので，安定した表現であると言える。ところで，上のような三者間の対応関係のほかに，次の(47)のように二者間のみの対応関係を示しているものがある。

(47)　twist someone's arm（人に無理強いする）/

---

[11] (42)-(46) の (c) のように，-er で終わる複合名詞は動作を行う人を表すことが多いが，例外はある。たとえば break the ice という動詞慣用句（「社交的な場面で友好的な話などによって堅苦しい雰囲気をほぐす」）に対応する複合名詞 ice-breaker は，ゲームや踊りなどの，堅苦しい雰囲気をほぐすための活動（もの）を表している。

arm-twisting（無理強い，圧力をかけること）
wring one's hands（悲痛のあまり手をもみ絞る）/
hand-wringing（苦痛・悲しみのあまり手をもみ絞ること）

要するに，上の動詞慣用句には動作を表す複合名詞は存在するが，動作を行う人を表す複合名詞はない。新聞や小説，またインターネットなどを検索すれば，arm-twister（圧力をかける人）や hand-wringer（苦痛のあまり手をもみ絞る人）の用例は見いだせるが，少数であることや，辞典には載っていないことから，臨時的に作られた表現にすぎないと考えられる。英語の話者の直感に照らし合わせても，同じような判断になる。なお straw-grasper や ax-grinder に関しても同様である。これらは grasp at straws「わらにもすがる」と have an ax to grind「腹に一物ある」から派生したものである。

動詞慣用句には，また次のように複合形容詞も存在する。

(48)　blaze a trail（活動・学問などで新しい道や分野を開く）/
　　　　trailblazing (new album)（先駆的な（新アルバム））
　　　break new ground（新分野を開拓する）/
　　　　ground-breaking (research)（革新的な（研究））
　　　catch someone's eye（〜の目を引く）/
　　　　eye-catching (illustrations)（人目を引く（イラスト））

これらは先の（42）-（46）の（b）に示した複合名詞（whistle-blowing や trailblazing）と同様に -ing を付加しているので，形の上だけでは区別できない。しかし，この二つは文法的な機能がまったく違う。次の例の trailblazing は名詞の前に置かれ，その名詞を修飾する複合形容詞となっている。

(49)　The group's trailblazing new album features an exciting mix of exotic musical textures.
　　　　　　　　（*Longman American Idioms Dictionary*，以下 *LAID*）
　　　（このバンドの先駆的な新アルバムは，胸をわくわくさせるような

エキゾチックな音質がたくさん混ぜ合わされていることが特徴である）

一方，以下の例の trailblazing は continue という動詞の目的語として機能している複合名詞である。academic という形容詞がついていることからも，名詞であることが分かる。

(50) Around September, he decided to try to continue his academic trailblazing at a more advanced level: Japanese high school.　　　　　　　　　　　　(*The Japan Times* 1998.2.18)
（9月ごろに，彼はもう少し高いレベルで，要するに日本の高等学校で自分の学究的な道を切り開き続けることにした）

最後に，複合語の表記の問題についてひとこと触れておく。先の(42)-(46) のように，慣用句に対応する複合語は個々の構成語をハイフンでつなげたり（whistle-blower や buck-passing），くっつけて書いたりする場合がある（trailblazer や hairsplitting）。構成語間にスペースを残したまま書く場合もある（buck passer）。このようなものは表記のゆれがあり，辞典や実例によってはハイフンを入れたり入れなかったりする場合がある。たとえば，Merriam-Webster の英英辞典では trailblazer や hairsplitting とつづり，*Collins Cobuild Dictionary of Idioms* では trail-blazer や hair-splitting とつづっている。[12]

上のことを複合語化の過程の観点から考えると，buck passer のようにスペースを入れた形でよく使われるものは，個々の構成語の独立性の度合いがまだ高い。一方，whistle-blowing のようにハイフンを入れた形でよく使われるものは，これとは違って，個々の語が本来の独立性をある程度保ちながらも一緒になって一つのかたまりをなしている。また，bootlicker のようにくっつけて書くことの

---

[12] (42)-(46) に示した例の表記はすべて Merriam-Webster のオンライン英英辞典による。

多いものは複合語化の過程が最も進んでおり，安定した複合名詞となっている。なお，trail-blazer/trailblazer のような表記のゆれは，このような慣用句が複合語化過程の最中にあることを示しているのである。

9 あ，間違えちゃった
——「怒り心頭に達する」などの表現——

文化庁は毎年，日本人の言葉遣いに関する調査を行っている（「国語に関する世論調査」）。7～8年前の調査では，次の表現が取り上げられた。

(51) 怒り心頭に発する（14.0）／怒り心頭に達する（74.2）
上を下への大騒ぎ（21.3）／上や下への大騒ぎ（58.8）
あいきょうを振りまく（43.9）／あいそ(う)を振りまく（48.3）
そうは問屋が卸さない（67.7）／そうは問屋が許さない（23.5）
出る杭は打たれる（73.1）／出る釘は打たれる（19.0）[13]

これらのペアについて「どちらを使うか」を約3,500人に尋ねたところ，括弧内の比率が得られた。上のペアはすべて，斜線の左の表現が「正しい」ものであり，斜線の右の表現は「誤った」ものである。しかし，「怒り心頭に達する」や「上や下への大騒ぎ」などは括弧内の比率から分かるように，誤った表現のほうがよく使われている。これはなぜだろうか。

まず，これらの表現があまり使われなくなっているという点が挙げられる。多くの日本語の話者は本来の形式を正確に記憶していないので，本来使うべき単語を，「あいきょう」→「あいそ(う)」の

---

[13] これらの数字は『毎日新聞』掲載の「4人に3人誤って使用 国語世論調査」（2006年7月27日）と「携帯辞書代わり」（2007年9月8日）による。なお「怒り心頭に達する」の誤用に関しては，『問題な日本語3』においても取り上げられている（北原保雄(編)，2007年，大修館書店）。

ように音や，あるいは「杭」→「釘」のように意味の面で似ている別の語に入れ替えてしまうわけである。

「怒り心頭に発する」は少し複雑な例である。約4人のうちの3人は「怒り心頭に達する」と誤って使っているとの結果だが，これは「心頭」の意味がよく分からないことや，「〜に発する」が文語的で耳慣れない表現であることがかかわっている。「心頭」の「頭」は本来「辺り」を表しており，そして「〜に発する」は「〜から発する」，つまり起点を表している。よってこの表現は本来「怒りが心の中から外に現れる」こと，言い換えれば「激しく怒る」ことを意味している。「怒り心頭に達する」と言うことが多いのは，「頭にくる」に引っ張られて「心頭」を「頭」と連想し，そして「心頭に」の「に」を「頭に」の「に」と同様な，到達点として解釈しているからだと思われる。よって「発する」を「達する」に言い換え，この表現が句全体として「怒りが頭までとどく」ことを表していると解釈してしまうことになる。

(51) に挙げた「誤用」のほかにも，次のようなものがある。

(52)　舌の根の乾かぬうちに（53.2）／舌の先が乾かぬうちに（28.1）
　　　言葉をにごす（66.9）／口をにごす（27.6）
　　　腹に据えかねる（74.4）／肝に据えかねる（18.2）

(52) の例では「正しい表現」の中で使われている単語と，「誤った表現」の中で使われている単語は互いに音は違うが，意味的な関係がある。たとえば「(舌の) 根／(舌の) 先」は両者とも物理的な位置を表している。「口をにごす」と「肝に据えかねる」といった言い換えは，他の慣用句との連想や混同から生じている場合であると思われる。「口」を含んだ慣用句の中には「口をきく／挟む／割る／滑らす／慎む...」のように「話す」こと，つまり「言葉」に関わっているものが多くあり，そのことから「言葉をにごす」の代わりに「口をにごす」と言ってしまうことになる。そして「腹に据えかねる」の代わりに「肝に据えかねる」を使うのは，「腹／肝」の意味

的な類似性（内臓）および「腹が据わる」と「肝が据わる」といった慣用句の形式・意味的な類似性に引っ張られているからだと言えそうである。

10　just deserts か just desserts か
──英語慣用句の「誤用」──

英語の慣用句も，上で見た日本語の慣用句と同様に，本来の表現と誤った表現が併用される場合がある。これらは「誤りから生じた変異形」(erroneous variations) と呼ばれている。[14] たとえば，次のような例が挙げられる。

(53)　［get one's］just deserts/desserts（相応の罰［賞］を受ける）
　　　toe/tow the line（統制や命令に服する）
　　　have another think/thing coming（勘違いをしている）
　　　strike a chord/cord（〜の共感を得る）

厳密に言うと，just desserts や tow the line など，斜線の右にある表現は誤用であるが，これらの中には幅広く使われているものや，英語の表現として定着しているものがある。just desserts（誤）は次の例のように，新聞の記事で見かけることは珍しくない。

(54)　'... If it [my effort] took us to the top step, then it was just desserts for the team.'　　　(*The Guardian* 2008.10.6)
　　　（「(僕の努力) で私たちが一番になったとしたら，それはチーム全体への相応の賞だと思う」）
(55)　... Scorpio gets his just desserts at the end of Clint Eastwood's famous .44 Magnum, while the real Zodiac was never caught.　　　(*The Daily Yomiuri* 2007.6.16)

---

[14] 詳細に関しては Moon (1998: 135) を参照されたい。

(「スコーピオはクリント・イーストウッドの.44マグナム銃のおかげで相応の罰をうけるが,本物のゾディアク（連続殺人鬼）はついに捕まらなかった」)

(56) Whistle-blower's just desserts? (*The Japan Times* 2005.2.24)
（[見出し] 内部告発者への相応の罰？）

just deserts（正）の deserts は,本来古期フランス語の deservir や英語の deserve（...に値する,...する価値がある）に由来しており,古い英語では「罰,報い」という意味を表していたが,現代の英語ではもはやその意味では使われていない。よって多くの話者は,deserts をもう少し馴染みのある言葉 desserts（「デザート」）に入れ替え,この句全体の意味からこの語が「ご褒美,報い」の意味を表すと解釈している。

このように,「誤りから生じた変異形」は慣用句の独特な構成語の入れ替え,つまり（つづりの違う）同音異義語との交換から生じていることが多い。toe/tow the line に関しても同じことが言える。toe the line（正）は本来,陸上競技などでスタートラインにつまさきを触れて立つ（あるいはかがむ）ことを表していた。なぜ toe が tow に入れ替えられてしまうのかと言うと,現代英語では toe は動詞としての用法があまり一般的ではないからである。これに対して tow（引く）は動詞としての用法は普通であり,さらにまた慣用句の構成語ではないときも tow line（（船の）引き綱）のように line と一緒に使われることがある。よって toe the line よりも tow the line は規則的で使いやすい,と感じる話者がいるのである。

just desserts や tow the line,あるいは日本語の「怒り心頭に達する」などの表現については単なる誤りだ,という立場をとることができる。しかし見方を少し変えてみれば,このような誤りの背景に,英語や日本語の話者が耳慣れない表現を合理化したり,不規則的な表現を規則的なものへと変えようとしたりしている努力がうか

がえる。[15] このような表現が幅広く使われるようになったことに関しては，やはり「誤りから生じた変異形」とみなし，本章で述べた他の変異形と同じ土俵で扱うことが必要となる。

むすび

　以上，日本語と英語の用例を見ながら慣用句の変異形のいくつかのタイプを見てきた。これらのほかに「耳に入る／耳に入れる」や「腹が立つ／腹を立てる」などの，自動詞形・他動詞形の関係にある変異形や，one's blood boils（憤激する）／ make someone's blood boil（憤激させる）などの，自動詞形と使役形の関係にある変異形もある。

　残された問題としては，変異形が存在する意味について考えなければならない。まず，慣用句の形式的固定性の話にもどろう。本章のはじめに述べたように，このことは従来から慣用句の特性の一つとして指摘されてきた。しかし，本章では，形式的固定性が慣用句の絶対的な特性ではないことを示した。つまり，変異形を持つ慣用句は形式的固定性の度合いが比較的低いのに対して，変異形を持たない慣用句は形式的固定性の度合いが比較的高い。これを表で示すと，表1のようになる（紙幅の制限で，日本語の用例のみ挙げておく）。

　なお，変異形を持つ慣用句には形式的固定性の度合いを比べたり，段階別に分けたりすることができるものがあると思われる。たとえば，表1のように，「目が覚める」は「顔を出す」よりも多くの変異形を持っているので，形式的固定性の度合いが低いと言えそうである。しかしながら，ここでは慣用句の中の段階別の問題には深く立ち入らず，個々の慣用句に変異形が存在するかどうかを基準としてその慣用句の形式的固定性の度合いが「高い」か「低い」かを判断することとする。

---

[15] Moon（1998: 136）がこの点を指摘している。

表1　慣用句の形式的固定性

	慣用句	変異形
形式的固定性の度合いが比較的低い	口を挟む	言葉を挟む／口を差し挟む
	歯切れがいい	歯切れいい／歯切れが悪い
	口が軽い	口軽い／口が堅い
	顔を出す	顔出し（を）する
	目が覚める	目覚める／目覚め／目を覚ます／目覚まし
形式的固定性の度合いが比較的高い	頭にくる	＊＊＊＊＊＊＊＊＊＊＊＊
	目を白黒させる	＊＊＊＊＊＊＊＊＊＊＊＊
	口に合う	＊＊＊＊＊＊＊＊＊＊＊＊
	歯が立たない	＊＊＊＊＊＊＊＊＊＊＊＊
	舌を巻く	＊＊＊＊＊＊＊＊＊＊＊＊

　さて，形式的固定性の度合いが比較的高い，あるいは比較的低いというのはどういうことだろうか。本書では，慣用句の形式的固定性の度合いは「慣用句らしさ」の度合いの目安になると考える。つまり，慣用句はその内部構造および構成語が固定しているものであるとすれば（第1章），「頭にくる」や「歯が立たない」などの，変異形を持たない慣用句は慣用句としての性格が濃い（すなわち典型的な慣用句である），ということになる。一方，「口を挟む」や「顔を出す」などの，変異形を持つ慣用句は，慣用句としての性格が薄い（すなわち自由度の高い慣用句である）ことになる。

　次の章では慣用句の文法的特徴について述べることにする。

第 3 章

「打った手」と言えるが，「染めた手」とは言えない
──慣用句の「統語的固定性」について──

第 2 章では，慣用句の形式的な面を取り上げ，慣用句の内部的な語彙構造の変化の可否について考察した。本章では，慣用句の文法的な面に注目し，慣用句が会話や文章の中で用いられるときどのような文法的特徴を示すのかについて述べていく。

1 慣用句の文法的な面──さまざまな制約？──

慣用句は一般の動詞句や形容詞句（つまり一般連語句）とは違って，その形式が固定しており，さまざまな文法的制約を受けるとされている。[1] 一般の動詞句は「○ドアが閉まる→○閉まるドアにご注意ください」のように，句中の名詞と動詞を並べ替えて本来は動詞句であったものを名詞句に転換できる。また，「○部屋に入る→○太郎が部屋にそっと入った」のように，句中に副詞（句）を挿入することができる。一方，動詞慣用句はこのような文法的な変化が難しい，あるいは不可能である。たとえば「○犯罪に手を染めた」や「○あの土地は安く手に入った」と言えるが，「×犯罪に染めた手は…」や「×あの土地は手に安く入った」とは言えない。

このように，「制約」とは，名詞句に転換されたり，副詞（句）が挿入されたりすることがないということである。そして，一般連語句は自由度の高い表現であるのに対して，慣用句は自由度の低い表現であり，一般連語句に比べれば文法的制約が強いのである。

英語慣用句に関しても，そのような制約が強いことは従来指摘されてきた。たとえば，言語学者の U. Weinreich 氏は 45 年ほど前に発表した論文の中で次のように述べている。

(1)　Among the hundreds of idioms and other phraseological units I have looked at in four or five languages, I have not

---

[1] 宮地（1982b, 1985），村木（1985, 1991），森山（1987）などを参照。

found a single one that did not have some transformational defect. (Weinreich (1969: 47))
(これまで調べてきた四つか五つの言語における慣用句やその他の成句の中で，何らかの変形上の欠陥を持っていないものは一つもなかった)

「変形上の欠陥」とは，慣用句が英語の通常の文法的な規則に従わないことである。たとえば，shoot the breeze という慣用句（「おしゃべりをする」）は shoot the deer という一般動詞句（「鹿を撃つ」）と同様に，「他動詞＋直接目的語」といった内部構造を持っているので，この二つは互いに似ているような文法的振る舞いをするはずだと思われる。しかし，次に示すように，shoot the deer は the deer was shot (鹿は撃たれた) のように受身表現になるのに対して，shoot the breeze は受身表現が不可能である。

(2) a. ○ The hunter shot the deer. (猟師は鹿を撃った)
　　b. ○ The deer was shot by the hunter. (鹿は猟師に撃たれた)
(3) a. ○ John and Jim shot the breeze.
　　　　（ジョンとジムはおしゃべりをした）
　　b. × The breeze was shot by John and Jim.

このように，個々の慣用句の内部構造からは，その慣用句がどのような文法的な振る舞いをするのかは予測できないのである。

慣用句が文の中で用いられる際に文法的な変化をあまり許さないという特性，つまり文法的制約を受けるという特性は，従来は「形式上の制約」や「統語(論)上の拘束」，また「固定化」や「結合度」などと呼ばれてきた。英語では，frozenness（固定性）や inflexibility（非柔軟性）という用語がよく使われている。本章ではこの特性を慣用句の「統語的固定性」と呼ぶことにする。[2]

---

[2] この用語は石田 (2000) が提唱したものである。ちなみに，「形式上の制約」は宮地 (1982b) の用語である。「統語(論)上の拘束」は村木 (1985, 1991)

ところが、慣用句の中には、文法的制約が強いものもあれば逆に文法的制約の弱いもの、つまりさまざまな文法的な操作を許すものもあると思われる。たとえば、(4a)のように、「手を染める」は名詞句に転換できないのに対して、(4b)の「手を打つ」は問題なく転換できる。

(4) a.　手を染める　→　×犯罪に染めた手は…
　　 b.　手を打つ　　→　○どんなに苦しくても打つ手はある。

また、「手に入る」は句中に副詞(句)を挿入できないのに対して、「足を洗う」はこれができる。

(5) a.　手に入る　　→　×あの土地は手に安く入った。
　　 b.　足を洗う　　→　○この社会から足をきれいさっぱり洗いたいと始終思いますね。

　英語慣用句の中にも、比較的自由な文法的振る舞いをするものがある。たとえば、lay down the law(しかりつける、断定・命令的に言う)は、次のように問題なく受身表現になる。

(6) ○The law was laid down by her father before she was even twelve.
　　（彼女は12歳になる前でさえ、お父さんにきびしい決まりを定められた）

したがって、lay down the law は先ほど挙げた shoot the breeze に比べれば固定性の度合いが低いと言えそうである。

　以上のことは、個々の慣用句によってその「統語的固定性」の度

により、「固定化(の度合い)」と「結合度」は森田 (1985, 1994) による。Fraser (1970) はこの特性を frozenness (固定性) と呼び、Gibbs and Nayak (1989) は syntactic frozenness (統語的固定性) と言う。Nunberg, Sag and Wasow (1994) と Moon (1998) はそれぞれ inflexibility (非柔軟性) と transformational deficiencies (変形上の欠陥) という表現を利用している。

合いが違うこと，そして統語的固定性は慣用句の絶対的な特性ではないことを示唆する。本章では，日本語と英語の慣用句がどのような統語的な制約を受けるのかを検討し，慣用句の統語的固定性の度合いをどのように計ることができるのかについて述べる。そして「統語的固定性」の度合いにもとづいた慣用句の分類について，次の二つの考え方を紹介する。一つは，個々の慣用句についていくつかの統語的操作の可否を調べていけば，さまざまな慣用句を自由度の低いものから自由度の高いものへと分類できる，という考え方である。もう一つは，慣用句に加えられる統語的操作および慣用句そのものの間に「階層関係」が成立している，という考え方である。

2　自由度の低い慣用句から，自由度の高い慣用句へ

　上に述べたように，慣用句はその統語的制約が強いということはよく指摘されているが，統語的制約が比較的強い慣用句もあれば比較的弱いものもある。このことは，従来の研究で詳しく検討されてきた。たとえば，森田氏は，慣用句の形態を変えることが困難であればあるほど，その句の固定性の度合いが高いと述べており，慣用句の固定性を計るためのテストをいくつか提示している（森田 (1985, 1994)）。「テスト」というのは，慣用句の名詞に形容詞をつけたり，慣用句を肯定・否定表現に言い換えたり，慣用句を受身表現にしたりするなどの文法的な操作の可否を調べることである。たとえば，次のように「腰を上げる」に形容詞を付加できるが，「腰を抜かす」には形容詞を付加できない。

(7) a. ○腰を上げる　→　○重い腰を上げる
　　b. ○腰を抜かす　→　×重い腰を抜かす

また，次の (8) のように，「意気が上がる」は肯定形でも否定形でも用いられるのに対して，「うだつが上がらない」は肯定形への言い換えは不可能である。そして (9) の「横槍を入れる」は受身表

現にすることができるのに対して,「身を入れる」は受身表現にできない。

(8) a. ○意気が<u>上がる</u>　　　　→　　○意気が<u>上がらない</u>
　　 b. ○うだつが<u>上がらない</u>　→　　×うだつが<u>上がる</u>
(9) a. ○話に横槍を<u>入れる</u>　　→　　○話に横槍を<u>入れられた</u>
　　 b. ○勉強に身を<u>入れる</u>　　→　　×勉強に身を<u>入れられた</u>

　森田氏は,慣用句の固定性を計るために,上のテストのほかにも,「副詞の挿入」「副助詞(「さえ」や「も」)の挿入」「敬語表現化」「使役表現化」などを用いている。[3] そしてこれらのテストを利用してさまざまな慣用句の文法的な振る舞いを調べていけば,慣用句を固定性の度合いの低いものから高いものへと,いくつかの「段階」に分けることができると言う。

　宮地氏は,これと同じような方法を用いて,動詞慣用句の固定性の度合いを計るために10個の文法的な操作(テスト)を利用している(宮地(1986))。[4] また,これらの操作を「制約」とし,「連結・共起の制約」「置き換えの制約」「語順転換の制約」といった三つのタイプに分けている。以下,宮地氏の例から「汗をかく」と「頭にくる」という慣用句を取り上げ,これらの操作と制約について述べていく。

　まず,「○<u>大粒の</u>汗をかいた」のように慣用句の名詞に修飾語をつけたり,「○<u>ひどく</u>汗をかいた」のように慣用句の前に副詞(句)をつけたりする操作がある。これらはそれぞれ「連体修飾語の付加」と「連用修飾語の付加」と言う。また,「○<u>大粒の</u>汗を<u>全身にかいた</u>」のように慣用句の中に副詞(句)を挿入する操作や,「○<u>大粒の汗を全身にかいた</u>仕事だった」のように慣用句全体を修飾語と

---

[3] なお,森田(1985, 1989, 1994)は「対義語の入れ替え」や「類語の入れ替え」の可否もテストとしているが,本書ではこれらは慣用句の形式的固定性や変異形にかかわるものであると考えており,第2章で扱っている。

[4] 宮地(1982b, 1985)においても,慣用句の文法的制約を取り上げている。

第3章 「打った手」と言えるが,「染めた手」とは言えない　59

して名詞句に付加する操作もある。これらは「連用修飾語の挿入」と「慣用句を連体修飾句にする」操作と言う。

　「汗をかく」は上のようにこれらの統語的操作をすべて許すが,「頭にくる」は「｛×大きな／×回転の速い／×いらいらした｝頭にきた」や「頭に｛×完全に／×まったく／?すぐ｝きた」のように,「連体修飾語の付加」と「連用修飾語の挿入」は難しい,あるいは不可能である。よってこれらの操作は慣用句を区別するための有力な指標であると思われる。

　また,宮地氏は上に述べた操作を制約としてとらえ,**連結・共起の制約**と呼んでいる。「連体修飾語の付加」と「連用修飾語の付加」のように慣用句の前に他の語をつけたり,「連用修飾語の挿入」のように慣用句の中に他の語を入れたり,「慣用句を連体修飾句にする」のように慣用句の後に他の語をつけたりすることは,慣用句と他の語の文中における連結・共起関係にかかわるからである。なお,この制約を図に示すと,以下のようになる。

　　　図1　連結・共起の制約

　　　　　　　　　　　　　　　　（宮地（1986: 12），一部変更）

　次に,慣用句の動詞の文法的な変容にかかわる操作を見てみよう。これには,たとえば「○汗をかいた／○汗をかかなかった」のように慣用句の動詞を肯定形にしたり否定形にしたりする操作や,「○お前はもっと仕事で汗をかけよ」[5] のように慣用句の動詞を命令表現にする操作が含まれている。これらはそれぞれ「肯定・否定表現化」と「命令表現化」と言う。また,次のように慣用句の動詞を質問や疑問表現にしたり,受身表現にしたり,敬語表現にしたりす

---

[5] この例と,後ほど挙げる「質問・疑問表現化」と「敬語表現化」の例は筆者が新聞で検索したものである。他の例は宮地（1986）による。

る操作もある。

(10) ○この夏は汗をかきましたか？［質問・疑問表現化］
(11) ？病人に汗をかかれて困った。［間接・直接受身表現化］
(12) ○汗をおかきになったお客様がリフレッシュしてお帰りになられるように最善のサービスをおこなっております。［敬語表現化］[6]

　上のように、「汗をかく」は受身表現化が難しいが、その他の操作はすべて可能であるので、比較的自由度の高い慣用句であると言えそうである。これに対して、「頭にくる」は、「？頭にこない」や「×頭にこい」のように、「肯定・否定表現化」や「命令表現化」は難しい、あるいは不可能である。他の操作に関しても同様である。よって、この慣用句は比較的自由度の低いものであると言える。宮地氏によれば、これらの操作は「かく」や「くる」などの、慣用句の動詞の基本形を他の表現に交換することに当たると言う（図2）。そして、宮地氏はこれらを制約として**「置き換えの制約」**と呼んでいる。

図2　置き換えの制約

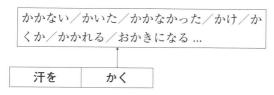

---

[6] 宮地（1986, 1999）は敬語表現化の例を挙げていないので、「○汗をおかきになった」のような「お～になる敬語」の可否をテストとしているのか、「○疲れても良い汗をかかれたのではないかと思います」のような「られる敬語」の可否をテストとしているのかが分からない。森田（1985: 43, 1994: 309）によれば「お～になる」敬語の可否のほうが有効なテストになると言うので、ここでは「お～になる」敬語の例を挙げた。

第3章 「打った手」と言えるが,「染めた手」とは言えない　　61

これまで述べた操作のほかに,もう一つある。「？病人のかく汗は,早くふきとるほうがいいですよ」や「？かいた汗も,すずしい風で,すぐ引いてしまった」のように,慣用句の動詞と名詞を並べ替えて,本来動詞句であった慣用句を名詞句にする操作である(「名詞句への転換」)。「？かく汗」や「？かいた汗」はやや不自然な表現である。また,「×くる頭／×きた頭／×きている頭」は言えない。しかし「○打つ手(はない)」や「○みがいた腕（の使いみちがない)」のように,名詞句への転換が可能な慣用句は存在する。したがって,この操作は慣用句の統語的固定性を計るテストとすることができるわけである。この操作は図3のように,慣用句の構成語の順序を変えることにかかわっているので,宮地氏はこれを（制約として)「**語順転換の制約**」と呼んでいる。

図3　語順転換の制約

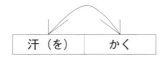

　以上,宮地氏が提示している操作と制約について述べた。宮地氏はさらにこれらの10個の操作を用いて「汗をかく」や「頭にくる」などの10個の慣用句の統語的な制約を調査し,この調査の結果を表1のようにまとめている。

　表1における「○」「？」「×」の横の分布を見ると,慣用句には「固い」ものから「緩い」ものまであること,言い換えれば自由度の低いものから高いものまであることが分かる。「思いもかけない」や「頭にくる」など,この表の下のほうの慣用句は統語的操作をあまり許さないので,自由度の比較的低いものである。これに対し「汗をかく」や「役に立つ」など,この図の上のほうの慣用句はさまざまな統語的操作を許すので,自由度の比較的高いものである。ただし宮地氏によれば,表1の「○」「？」「×」の分布はこの10

表1　慣用句の統語的制約

	連結・共起の制約				置き換えの制約					語順転換の制約	
	1	2	3	4	5	6	7	8	9	10	
	連体修	連用修	挿入	連体句	肯・否	命令	質問	受身	敬語	名詞句	
汗をかく	○	○	○	○	○	○	○	?	○	?	緩
役に立つ	○	○	?	○	○	○	○	○	○	×	
風邪をひく	○	○	?	○	×	○	?	○	○	?	
腹がへる	?	○	?	○	×	○	?	×	×	?	
お目にかかる	×	○	?	?	?	○	○	?	×	×	
年をとる	×	○	×	?	○	×	?	○	○	×	
息をきらせる	×	○	?	?	?	○	?	×	×	×	
頭にくる	×	?	?	?	?	○	×	×	×	×	
かけがえがない	×	?	×	○	×	×	?	×	×	×	
思いもかけない	×	?	×	○	×	×	×	×	?	×	固
	(4)		(4)		(2)			(2)		(1)	

(宮地（1986：14），一部加筆)

個の慣用句の「傾向的な違い」を表していると見るべきであり，この分布をもってこれらの慣用句をいくつかの固定性の「段階」に分けることはできないと言う。

次に，表1における「○」「?」「×」の縦の分布に注目すると，慣用句の統語的な制約にも傾向的な違いがあることが分かる。「2 連用修飾語の付加」と「4 慣用句を連体修飾句にする」という操作は「○」が多く，つまり多くの慣用句に許されるので，制約が弱いということになる。一方，「×」や「?」の多い操作は制約が強く，慣用句にあまり許されない。この10個の操作のうち一番制約の強いものは「10 名詞句への転換」という操作である。名詞句に

転換できる慣用句はあまりないわけである。ほかに制約の強い操作は（強い順に），「8 受身表現化」と「6 命令表現化」，それから「3 連用修飾語の挿入」と「1 連体修飾語の付加」，というものである。後ほど述べる「慣用句に対する統語的操作の階層性」の観点から見れば，このことは興味深い。

　最後に，宮地氏が扱っている 10 個の統語的操作についてひとこと付け加えておく。これらの操作は上に示したように，慣用句の統語的固定性を計るための有力な指標であるが，これら以外に有効なものがないとは言えない。たとえば「○肩透かしを食わせる」や「×泡を食わせる」のように，慣用句の動詞を使役表現にする操作や，「○早く付けよう，けりを」や「？かいたよ，汗を」のように，慣用句の動詞と名詞を並べ替えて臨時的な倒置文を作る操作も考えられる。[7] 先行研究では，どのような操作をテストとしているのかは研究者によって多少異なるが，「連体修飾語の付加」や「連用修飾語の挿入」，また「肯定・否定表現化」や「名詞句への転換」はよく使われている。これらはさまざまな構造を持つ慣用句に適用できるし，これらを許す慣用句もあれば許さないものもあるからである。

　以上，日本語慣用句の統語的固定性が非常に幅のある特性であることを述べた。次は英語の慣用句を見ていく。

3　英語慣用句の統語的操作

　英語の慣用句も，先に見た日本語の慣用句と同様に，統語的操作が制約される度合いは個々の慣用句で大いに異なっている。ほとんど完全に固定した慣用句が存在する一方，さまざまな操作を受け得

---

　[7] この二つの操作に関しては森田（1985, 1994）と宮地（1986）を参照。その他の統語的操作（テスト）に関しては Tagashira（1973），飛鳥（1982），石田（2000）を参照されたい。

る慣用句も存在する。たとえば，blow off some steam（うっぷんを晴らす）は，次のように，構成語の順序を変えることができない。

(13) a. × He blew some steam **off** after he got home.
 　　　　（彼は家に帰ってから多少のうっぷんを晴らした）

また，(13b) のように受身表現にしたり，(13c) のように動名詞にしたりすることもできない。

(13) b. × Some steam was blown off at the party.
 　　　　（パーティーでは，多少のうっぷんが晴らされた）
　　 c. × Your blowing off of some steam surprised us.
 　　　　（あなたが多少のうっぷんを晴らしたことに，私たちが驚いた）

　以上の例は，言語学者の B. Fraser 氏が挙げているものである（Fraser (1970)）。筆者が英語の話者数人に調査したところ，blow some steam **off**（(13a)）といった表現が問題なく言えると判断した人はいるが，ここでは Fraser 氏の判断を挙げておく。
　これに対して，lay down the law（「しかりつける，断定的に言う」）は (14a) のように語順を変えたり，(14b) のように受身表現にしたり，(14c) のように動名詞にしたりすることが可能であると Fraser 氏は述べる。

(14) a. ○ Her father laid the law **down** when she came in at 4 a.m.
 　　　　（彼女が午前4時に帰って来たとき，お父さんは（彼女を）しかりつけた）
　　 b. ○ The law was laid down by her father before she was even twelve.
 　　　　（彼女は12歳になる前でさえ，お父さんに厳しい決まりを定められた）
　　 c. ○ His laying down of the law didn't impress anyone.

(彼が独断的に命令したことは,誰も気に留めなかった)

　Fraser 氏は blow off some steam や lay down the law などの慣用句の文法的な振る舞いを説明するために,Adjunction(付加),Insertion(挿入),Permutation(並べ替え),Extraction(取り出し),そして Reconstitution(再構成)といった統語的操作のタイプを提唱している。そして「受身表現化」や「動名詞化」など,慣用句に適用できるさまざまな統語的操作はこれらの五つのタイプに分類できると言う。以下に,それぞれの操作のタイプを Fraser (1970) に従って紹介し,その後これらのタイプの相互関係について述べていく。

Adjunction(付加)

　Adjunction は,慣用句の構成語に接辞などの新しい要素をつける操作である。たとえば,(15a) の pass the buck(責任を人になすりつける)は,(15b) のように,動詞の pass に -ing をつけて名詞句にすることができる。

(15) a. ○ John passed the buck on that issue.
　　　　(ジョンはその問題の責任を人になすりつけた)
　　b. ○ John's pass**ing** the buck on that issue has caused some problems.
　　　　(ジョンがその問題の責任を人になすりつけたことで,いくつかの問題が生じている)

この操作は「**動名詞化 (gerundive nominalization)**」と言う。(15b) のように pass に -ing をつけるとともに主語の John に所有を表す要素である「's」を加えなければならないので,この点でも,この操作は「付加」と言えるのである。なお,「付加」の操作としては Fraser 氏は「動名詞化」のみを挙げている。

Insertion（挿入）

　Insertion とは，慣用句の中に副詞（句）や間接目的語などの，他の語句を挿入する操作のことである。たとえば，read the riot act（きびしくしかる，どなりつける）といった慣用句は○ Mr. Smith read the riot act to the class.（スミス先生はクラスの生徒たちを厳しくしかった）のように，the riot act という直接目的語の後に to the class などの間接目的語を置くことが多いが，次のように，この間接目的語を問題なく the riot act の前に置く，つまり句中に挿入することもできる。

(16) ○ Mr. Smith read the class the riot act.
　　　（スミス先生はクラスの生徒たちを厳しくしかった）

これは，たとえば○ John gave a present to Mary.（ジョンはメアリーにプレゼントをあげた）の間接目的語である Mary を a present という直接目的語の前に移動し，○ John gave Mary a present.（同上）という文を作ることとまったく同じ操作である。このような現象は「**間接目的語の移動（indirect object movement）**」と言う。

　慣用句の中に副詞（句）を入れることも「挿入」の操作に当たる。たとえば，(17) と (18) のように，keep watch over（見守る）や depend on（頼る）といった表現の中に，carefully（注意深く）や implicitly（絶対的に，全面的に）などの，動作の様態を表す副詞（句）を挿入することができる。

(17) ○ She kept watch carefully over her child.
　　　（彼女は注意深く子供を見守っていた）
(18) ○ We depend implicitly on him.
　　　（私たちは全面的に彼に頼っている）

これは「**副詞の挿入（adverb placement）**」と言う。なお，先ほど考察した日本語慣用句の統語的操作について言えば，「この社会から足をきれいさっぱり洗いたい」のような「連用修飾語の挿入」は

「挿入」という操作のタイプに当たると言えそうであるが、このことに関してはまた後ほど述べる。

Permutation（並べ替え）

　Permutation は、慣用句の構成語を並べ替える操作である。たとえば、put on some weight（体重を増やす）や make up your mind（決心する、腹を決める）は、次のように、語順の転換が可能である。

(19) a. ○ John has put **on** some weight.
　　 b. ○ John has put some weight **on**.
　　　　（ジョンは少し体重を増やした）
(20) a. ○ No one can make **up** your mind for you.
　　 b. ○ No one can make your mind **up** for you.
　　　　（他人には自分の腹を決めてもらえない）

on や up などの「不変化詞（particle）」は、put や make などの動詞の直後に置いたり、また weight や mind などの名詞の後に移動したりすることができる。この統語的操作を「**不変化詞の移動（particle movement）**」と言う。なお、この操作は上の例のように、「動詞＋不変化詞＋名詞句」といった構造を持つ慣用句のみに適用できる。

　また、先ほど見た「間接目的語の移動（indirect object movement）」は Permutation の操作に当たる場合がある。たとえば、You can't teach an old dog new tricks.（老人が新しい時代の考えや流行などについていくのは難しい）では、an old dog という間接目的語を、(21a) のように new tricks という直接目的語の後に置いたり、(21b) のようにその前に移動したりすることができる。

(21) a. ○ You can't teach new tricks **to an old dog.**
　　　　（新しい芸は年とった犬に仕込めない）
　　 b. ○ You can't teach **an old dog** new tricks.

(**年とった犬に新しい芸は仕込めない**)

You can't teach **an old dog** new tricks. は，間接目的語の移動により作られたものであるという点では，(16) の Mr. Smith read the class the riot act. に非常に似ている。しかしながら，the class は an old dog とは違って，慣用句の構成語ではない。よって，read the riot act における間接的目的語の移動は慣用句中に他の語句を「挿入」する操作に当たるのに対して，You can't teach an old dog new tricks. におけるそれは，慣用句の構成語を「並べ替える」操作に当たるのである。

Fraser 氏によれば「**yes/no 質問文への変容（yes/no question transformation）**」も「並べ替え」の操作に当たる。たとえば，Has the cat got your tongue?（口がないの？なぜ黙っているの？）という質問は平叙文 The cat has got your tongue. から派生しているが，もとの文の The cat has は質問文においては Has the cat という順に変わっている。よってこのような質問文への変容は「並べ替え」と言えるのである。

以上の例からうかがえるように，Fraser 氏は「慣用句」の定義と範囲をやや広くとらえている。Fraser (1970: 22) によれば慣用句とは，句全体の意味解釈が個々の構成語の総和からは予測できない表現のことであり，pass the buck や read the riot act などの，一般に慣用句と呼ばれているもののほかに，keep watch over や put on some weight のような表現や，You can't teach an old dog new tricks. などのことわざ，また look up（調べる）や auction off（競売にかける）などの句動詞も慣用句とみなしている。

Extraction（取り出し）

Extraction とは，慣用句の構成語を抜き取り，それを慣用句から離れた位置に置く操作のことである。たとえば，次のように lay down the law（しかりつける）を受身表現にするとき，名詞句である

the law を取り出し,これを動詞句である lay down の前に移動する。

(22) a. ◯ Her father laid down the law.
 　　　　（彼女のお父さんは（彼女を）しかりつけた）
 　　b. ◯ The law was laid down by her father.
 　　　　（彼女はお父さんにしかりつけられた）

これと同時に助動詞の be (was) を lay down の直前に置くので,the law は lay down から分離されてしまうことになる。このことから,「**受身表現化 (passivization)**」は「取り出し (Extraction)」という操作のタイプに当たると言えるのである。

 　また,先ほど見た「不変化詞の移動 (particle movement)」は「取り出し」の操作に当たる場合がある。たとえば,look up (調べる) などの句動詞 (phrasal verb) は,◯ look up the information (その情報を調べる) のように直接目的語を表す名詞句に続くことがあるが,◯ look the information up のように up を抜き取り,句外の要素である the information の後に移動することも可能である。auction off (競売にかける) に関しても同様であり,◯ auction off the paintings (それらの絵を競売にかける) と言ったり,◯ auction the paintings off と言ったりできる。

 　このような「不変化詞の移動」は,上に見た put **on** some weight → put some weight **on** における「不変化詞の移動」に類似してはいるが,put some weight **on** の場合は,some weight という名詞句は慣用句の構成語であるのに対して,look **up** the information → look the information **up** の場合は,the information は慣用句の構成語ではない。したがって,Fraser 氏は前者の不変化詞移動を構成語の「並べ替え」とみなしており,後者のそれを「取り出し」とみなしているのである。

 　Fraser 氏によれば,Who can we depend on? (私たちは誰に頼れるだろうか) や I wouldn't touch (that job) with a 10-foot pole.

((あの仕事は) 何としてもまっぴらごめんだ) における前置詞句である on や with a 10-foot pole を文頭へ移動する操作も,「取り出し」に当たる。

(23) ○ On whom can we depend?
(24) ○ With a 10-foot pole, I wouldn't touch (that job).

この操作は「**前置詞句の前置 (preposing of prepositional phrases)**」と言う。

Reconstitution (再構成)

Reconstitution とは, 慣用句の構成を作り直し, その統語的な機能を変化させることである。「再構成」の操作としては, Fraser 氏はいわゆる「**動作焦点の動名詞化 (action nominalization)**」を挙げている。これは (25) のように, 本来動詞句である慣用句に -ing および of をつけて名詞句に転換する操作である。

(25) ○ His lay**ing** down **of** the law didn't impress anyone.
（彼が独断的な命令を下したことは, 誰も気に留めなかった）

上の文においては, 本来動詞句であった lay down the law は名詞句として機能している。このように -ing および of をつけることで慣用句の文中での文法的な働きがまったく変わってしまうので, この操作を「再構成」と言うのである。

この操作は, 慣用句の動詞に -ing をつけて名詞句を作るという点では, (15b) に示した John's passing the buck (ジョンが責任を人になすりつけたこと) のような「動名詞化 (gerundive nominalization)」に類似している。しかし, of を用いるか否かという点では, この二つに大きな違いがある。pass the buck に -ing をつけることで, この慣用句全体は動名詞句になる。John's laying down the law (ジョンが独断的に命令したこと) に関しても同様である。一方, (25) のように, lay に -ing をつけてから the law の前に of をつけることで,

lay downという動詞句のみが動名詞化され，the lawはlay downにかかる目的語としてその後につけられることになる（Chafe（1968: 122-123））。また，laying downとthe lawの間に「動作─対象」といった意味関係が成立していると解釈されるとともに，laying downという動作のほうが強調されることになる。よって，このような操作を「動作焦点の動名詞化」と言うのである。

なお，「動名詞化」を許す慣用句でofをつけた「動作焦点の動名詞化」を許さないものはたくさんある。たとえば，○ John's kicking the bucket（ジョンが死んだこと）は問題なく言えるが，× John's kicking of the bucketにすると，「死ぬ」という意味が失われてしまい，「ジョンがバケツを蹴ったこと」といった文字どおりの解釈しかできなくなる。このことから，kickとthe bucketの間に「動作─対象」の意味関係が成立していないことがうかがえる。

Fraser氏は「再構成」の操作として上の「動作焦点の動名詞化」のみを挙げている。よって，「再構成」という項目をわざわざ立てなくてもよいのではないか，といった疑問が湧いてくるかもしれない。しかし，Fraser氏は個々の操作に興味があるのではなく，これらの操作の性質（タイプ）に興味があるので，「動作焦点の動名詞化」を「付加」「挿入」などの操作と区別して「再構成」の操作とみなしているのである。

英語慣用句の「階層性」

ここまで「付加」「挿入」「並べ替え」「取り出し」「再構成」という五つの統語的操作のタイプについて述べてきたが，Fraser氏によれば，これらは互いに対等のものではなく，むしろ制約の強さという度合いによって，表2のような「**階層関係（hierarchy）**」をなしていると言う（「L」はこの階層における「レベル」を表す）。

この階層のL1～L5に関してはすでに述べたとおりだが，この五つはL5からL1にいくに従って，慣用句が受けやすい操作となっている。L5「再構成」の操作を許す慣用句はあまりないのに対し，

表2　英語慣用句に対する統語的操作の階層関係

慣用句に容認される度合いが低い	L6	Unrestricted（制約なし）
↓	L5	Reconstitution（再構成）
	L4	Extraction（取り出し）
	L3	Permutation（並べ替え）
	L2	Insertion（挿入）
慣用句に容認される度合いが高い	L1	Adjunction（付加）
	LØ	Completely frozen（完全に固定している）

L1「付加」の操作は数多くの慣用句に容認されるわけである。そしてL5の操作を許す慣用句は自由度が高いのに対し，L5〜L2の操作を許さずにL1の操作のみを許す慣用句は自由度が低い。

　L6には，文法的な制約がまったくない慣用句，つまり自由度の非常に高い慣用句が属するはずだが，Fraser氏によればこのレベルに属する慣用句は実際に存在しない。すべての慣用句は何らかの文法的制約を受けると考えている。LØには，「完全に固定している慣用句」，つまりどんな文法的な操作も受けられない慣用句が属する。たとえば，sit on pins and needles（びくびくする）は，次のようにL5の「動作焦点の動名詞化」（(26a)）やL4の「受身表現化」（(26b)），またL1の「動名詞化」（(26c)）でさえ不可能であるので，LØの慣用句として分類されることになる。

(26) a. × His sitting on of pins and needles was over.
　　　　（彼の，ピンと針に座っていることが終わりました）
　　 b. × Pins and needles were sat on by him.
　　　　（ピンと針が彼に座られた）
　　 c. ? His sitting on pins and needles was over.
　　　　（彼の，びくびくしていることが終わりました）

　個々の慣用句についてどのような操作を許すのかを調べていけば，慣用句をL5〜LØのうちいずれかのレベルに分類できる。そ

して，この分類の特徴は，ある一つのレベルに属する慣用句は，それより上のレベルに含まれる統語的操作を受けられないが，それより下のレベルの操作をすべて受けられる，ということである。たとえば，lay down the law（しかりつける，命令的に言う）は，○ His laying down of the law didn't impress anyone.（彼が独断的な命令を下したことは，誰も気に留めなかった）のように「動作焦点の動名詞化」を許すのでL5「再構成」の慣用句として分類され，次のようにL4やL3など，L5以下のすべての操作も受けられると予測できる（ここではL2～L1の用例は割愛する）。

(27) L4—取り出し（例：「受身表現化」）
○ The law was laid down by her father before she was even twelve.
（彼女は12歳になる前でさえ，お父さんに厳しい決まりを定められた）

(28) L3—並べ替え（例：「不変化詞の移動」）
○ Her father laid the law **down** when she came in at 4 a.m.
（彼女が午前4時に帰って来たとき，お父さんは（彼女を）しかりつけた）

また，put on some weight（体重を少し増やす）は，× John's putting on of some weight caused great concern.（ジョンが体重を少し増やしたことは，（まわりの人を）大変心配させた）や，× Some weight has been put on by John.（体重がジョンにより少し増やされた）のように，L5の「再構成」とL4の「取り出し」は不可能である。しかし，この慣用句は，○ John has put some weight **on**.（ジョンは体重を少し増やした）のようにL3の「並べ替え」は可能であるので，L3の慣用句として分類される。○ John's putting on some weight caused great concern.（ジョンが少し体重を増やしたことで（まわりの人は）大変心配となった）のようにL1の「付加」も可能であることは，上の階層から予測できるとおりである。ところが，× John put gradually on some weight.（ジョンが体重を段々と増やした）のように L2 の「挿入」が不可能であることから，この慣用句は Fraser 氏の階層に完全に当てはまらないようにも思える。このことについては後ほど述べることとする。

さらに，kick the bucket（死ぬ）は × His kicking of the bucket made a lot of people sad.（彼がバケツを蹴ったことでたくさんの人が悲しくなった）や，× The bucket was kicked by her cat.（バケツは彼女の猫に蹴られた）のように，L5 の「再構成」と L4 の「取り出し」をはじめとして，L5 ～ L2 の操作はすべて受けられない。○ His kicking the bucket made a lot of people sad.（彼が亡くなったことでたくさんの人が悲しくなった）のように，L1 の「付加」のみが容認される。よってこの慣用句は L1 の慣用句として分類され，固定性の度合いの高い慣用句として認められるのである。

以上，慣用句に適用できる統語的操作の間に規則的な関係，つまり階層関係が成立していることを述べた。この階層を用いれば，さまざまな慣用句を統語的固定性の度合いの高いものから固定性の低いものまで，六つの段階に分類できる。Fraser (1970) はこの階層にもとづいて約 130 の慣用句を分類している。ここでそれぞれのレベルに属する慣用句の例を挙げると，次のようになる。

(29) L5—lay down the law（しかりつける），pass the buck（責任を人になすりつける），read the riot act to（きびしく警告する）

　　　L4—auction off（競売にかける），make up one's mind（決心する），break the ice（堅苦しい雰囲気をほぐす）

　　　L3—put on some weight（体重を増やす），teach an old dog new tricks（老人に新しいやり方を教える）

　　　L2—depend on（あてにする），drop a line to（一筆書き送る），lend a hand to（～を手伝う）

　　　L1—kick the bucket（死ぬ），blow off some steam（うっぷ

んを晴らす),insist on(〜を主張する)
LØ—turn a deaf ear to(〜に耳を貸さない),dawn on(ことが分かり始める),sit on pins and needles(びくびくする)

　この階層の中でより高い(L5に近い)レベルに属する慣用句は,より多くの統語的操作を許すという点で,その統語的固定性の度合いが相対的に低い。より低い(LØに近い)レベルに属するものは,統語的操作が受けにくくなるという点で,その統語的固定性の度合いが相対的に高いのである。

評価と問題点

　上に述べた階層にもとづけば,多くの慣用句の統語的固定性の度合いを明らかにして慣用句を分類することができる。また,従来の分類と比較すれば,個別の慣用句の統語的固定性をより簡潔に提示できる。つまり,個別の慣用句の属するレベルを示すだけで,その慣用句の統語的固定性の度合いが分かり,個々の統語的操作の可否を表す必要がなくなるのである。

　しかし,いくつかの問題点が残されている。まず,ある一つのレベルに属する慣用句が実際にそれ以下のすべてのレベルに属するのかという点について疑問が残る。たとえば,上に見たlay down the law は L5 の慣用句として分類されているが,この慣用句は次の(30)のように「間接目的語の移動」といった L2「挿入」の操作は許さない。

(30) a. ○ He laid down the law to his daughter.
　　　　（彼は娘をしかりつけた）
　　b. × He laid down his daughter the law.

　また,L5 の慣用句として分類されている cast pearls before swine(豚に真珠)は L4「取り出し」の操作を許すはずであるが,

× before swine, he cast pearlsのように，実際には「前置詞句の前置」といったL4の操作は許さない。put on some weightはL3の慣用句とされているが，上に示したようにL2の「挿入」は不可能である（× John put gradually on some weight.）。このような例から，Fraser氏の，「あるレベルに属する慣用句は自動的にそれ以下のレベルにも属する」という主張には多少問題があると思われる。

　もう一つの問題点は，「付加」「挿入」「再構成」などといった統語的操作のタイプは言語学や文法の研究において一般的に使われているものではなく，Fraser氏の研究において特有のものである。よって，このような操作の分類の有効性については，さらに検討する必要がある。

　しかしながら，上に述べたように，Fraser氏は慣用句の統語的な振る舞いにはある程度の規則性を見いだしていると言える。この見解はFraser (1970) 以降の慣用句研究に大きな影響を与え，文法学をはじめとして，心理言語学やコーパス言語学の観点からの慣用句の統語的な振る舞いにおける規則性をさらに検討する研究を導き出してきた。文法の観点から行われた研究としては，Katz (1973) やNewmeyer (1974) や高橋 (1983)，またNunberg et al. (1994) やSchenk (1995) などが挙げられる。また，Gibbs et al. (1985, 1989) やReagan (1987) は心理言語学の観点から慣用句の統語的な振る舞いを検討しており，Moon (1998) は大量のコーパスデータをもとに慣用句の統語的な振る舞いを記述，分析している。

　このような研究は，さらにまた後の慣用句辞典の編纂に影響を与え，たとえば*Longman Dictionary of English Idioms* (1979) や*Oxford Dictionary of English Idioms* (1993 [1983]) などに「受身表現になる」「現在進行形にならない」「否定表現でよく使われる」のように，個々の慣用句の統語的な振る舞いに関する詳しい情報が掲載されるようになった。このような情報は慣用句の日常的用法に関する貴重な情報であり，特に英語学習者にとっては役に立つものである。

4 日本語慣用句に「階層性」があるのか

先に英語慣用句の「階層性」について述べたが，日本でも，Fraser氏の研究を踏まえつつ日本語の慣用句に加えられる統語的操作に「階層性」が認められるかどうかを検討している研究がいくつか行われてきた。次に，これらについて述べていく。

「階層性なし」の立場

この章のはじめに述べたように，日本語慣用句の中にも自由度の低いものから自由度の高いものまで存在する。しかしこれは段階的な違いと言えるかどうか，つまり慣用句および慣用句に加えられる統語的操作の間に階層性が認められるかどうかに関しては，言語学者の間で意見が分かれている。まず「階層性がない」という立場について述べよう。宮地氏は，日本語慣用句間の自由度の差を明確にしながらも，これは「傾向的な違い」であり，「段階差」や「階層差」ではないと言う（宮地（1986: 15））。また，「階層性」を問題にせず，個々の慣用句について個々の統語的操作の可否を表している研究はほかにもある。森田氏は，個々の慣用句について個々の統語的操作の可否を検討すれば慣用句を「段階分け」することができると述べているが，慣用句に対する操作間に階層性が認められるかどうかについては触れていない（森田（1985, 1994））。

Tagashira（1973）は，Fraser氏の五つの操作のタイプを踏まえた上で，日本語慣用句に対する統語的操作には階層性がないと主張している。まず，日本語慣用句にはL5「再構成（Reconstitution）」とL1「付加（Adjunction）」に当たる操作のみが許されると言う。**「再構成」**には，たとえば「○猫をかぶる→○猫かぶり」や「○駄目を押す→○駄目押し」のように，動詞慣用句を複合名詞にする操作がある。このような「名詞化（nominalization）」により，もとの慣用句の内部構造および統語的な機能が変わってしまうので，「再構成」とみなしているわけである。ところで，Tagashira氏に

よれば「猫かぶり」「駄目押し」などは文を作る際に「名詞化」といった統語的操作により形成したものであると言うのに対し，本書の第２章で述べたように，このような複合語は，文の形成に先立って存在する複合語であり，日本語の語彙に属する慣用句の「変異形」である，と考えられる。

また，「付加」には，「○太郎の顔を立てた」のように慣用句の名詞に「〜の」という修飾語をつけたり，「○ご親切は骨身に深くしみました」のように慣用句の動詞に副詞(句)をつけたりする操作が含まれている。

ところが，L5「再構成」とL1「付加」の操作は上のように慣用句に許される場合があるのに対して，L4「取り出し（Extraction）」とL2「挿入（Insertion）」の操作は一切許されないと言う。**「取り出し」**には，たとえば「○太郎に鎌をかけてみた→×太郎にかけてみた鎌」のように，慣用句の動詞（「かける」）を抜き取り，名詞（「鎌」）の前に置く操作がある。Tagashira氏はこの操作を「関係節化」と呼んでいるが，これは先にも見た「名詞句への転換」と同じである。また，「○花子が水を差した→×水は花子に差された」のように，慣用句を直接受身表現にする操作も「取り出し」に当たる。この操作では，慣用句の名詞（「水」）を抜き取り文内で動詞（「差す」）と離れた位置に，つまり動作主の「花子」の前に置くからである。また，**「挿入」**には，たとえば「○太郎は私の仕事に嘴を入れる→×太郎は嘴を私の仕事に入れる」のように慣用句の間接目的語を句中に入れる操作があるが，これも不可能であると言う。

なお，L3「並べ替え（Permutation）」の操作に関しては，Tagashira氏は「顔を立てる」や「水を差す」などの，「名詞＋動詞」という構造を持つ慣用句のみを対象としており，このようなものは「手も足も出ない」などの，「名詞＋名詞＋動詞」の構造を持つものとは違って，構成語の並べ替えが本来不可能である。たとえば，「×足も手も出ない」という表現は（容認されないとしても）作ってみることはできる。これに対して「×顔立てるを」「×立てる顔を」

などは，日本語の基本的な語順の規則に反するものとなるので，本来作れない。よって，Tagashira 氏は L3「並べ替え」の操作を扱っていない。

　以上のことから，Tagashira 氏は「名詞＋動詞」という基本的な構造を変えないような操作のみが日本語慣用句に適用可能であると言う。「再構成」と「付加」の操作は「○猫かぶり」や「○太郎の顔を立てた」のように，この基本的な構造に影響を与えないので，許されやすい。これに対して「取り出し」と「挿入」は，「×太郎にかけてみた鎌」や「×太郎は嘴を私の仕事に入れる」のように，慣用句の名詞と動詞の順を変えたり，名詞と動詞の間に他の語を挟んだりすることで慣用句の基本的な構造を壊してしまうので，この二つは許されない。なお，「再構成」「付加」が許されるのに対し「取り出し」「挿入」は許されないので，日本語慣用句の統語的操作には Fraser 氏が示しているような階層性が存在しない，ということになる。

　ところが，Tagashira 氏の操作の分類に関しては分かりにくいところがある。たとえば，「○ご親切は骨身に深くしみました」のように動詞の直前に副詞(句)をつけることは「付加」とされているが，これは慣用句の名詞と動詞の間に他の語を入れる操作であるので，「挿入」ともみなせる。また，「×太郎にかけてみた鎌」のような「関係節化」は「取り出し」とされているが，この「関係節化」とは，慣用句の動詞と名詞の順序を変えて本来動詞句であった慣用句を名詞句に転換することなので，これはむしろ「再構成」に当てはまると言えそうである。

　また，各操作が慣用句に許されるかどうかという判断に多少問題がある。たとえば，「関係節化」は慣用句に許されないとされているが，「○みがいた腕の使いみちがない」や「○彼が政界に入れたメス」のように，この操作を許す慣用句が実際には存在する。「直接受身化」も許されないとされているが，「○その疑獄事件にメスが入れられた」や「○景気の回復のために来年もいろいろな手が打

たれるだろう」のように，この操作を許す慣用句が存在しないわけではない（これらの用例は宮地（1985）や後ほど述べる飛鳥（1982），また石田（2000）による）。したがって，Tagashira氏の主張，つまり日本語の慣用句は「再構成」「付加」を許すが「取り出し」「挿入」を許さないという主張に関しては疑問が残る。

「階層性あり」の立場

　上に述べた研究とは反対に，日本語慣用句の統語的操作に階層性があると主張している研究がある。たとえば，飛鳥博臣氏という言語学者はFraser氏の階層を踏まえつつ，「取り立て」「関係節化」「形容詞句付加」「受身化」「副詞句付加」といった5種類の操作を取り上げ，これらが階層関係をなしていると言う（飛鳥（1982））。

　「**取り立て**」とは「○彼は，危ない橋も渡るが，いつもは大変慎重な男だ」のように，「は」や「も」などの助詞を慣用句の名詞につける操作である。「**関係節化**」はTagashira（1973）でも取り上げられた操作であり，「○それは，彼が人生でただ一度渡った危ない橋であった」のように，慣用句の名詞と動詞を並べ替え，動詞慣用句を名詞句に転換する操作である（「名詞句への転換」とも言う）。

　次に，「**形容詞句付加**」だが，これは「○よけいな嘴を入れないでよ！」や「○こんな危ない橋を渡るのは，もうこりごりだ」，また「○彼は，父親の顔に泥をぬった」のように，慣用句の名詞に形容詞や「〜の」の修飾語をつける操作に当たる。「**受身化**」は「○あの男にそんな危ない橋を渡られては困るよ」のように，はた迷惑を表す受身表現，つまり間接受身表現を作ることであり，「**副詞句付加**」は「○君は，いつも危ない橋を渡ってばかりいるね」のように，「いつも」や「とうとう」などの副詞（句）を慣用句の前につけることである。

　飛鳥氏は上に述べた五つの統語的操作を別個に扱っており，この点では，Fraser氏やTagashira氏のようにさまざまな操作を「付加」「挿入」「再構成」などのタイプに分けた上でこれらのタイプの

第3章 「打った手」と言えるが,「染めた手」とは言えない　　81

階層性を検討している研究とは少し異なっている。さまざまな動詞慣用句について個々の操作の可否を検討した結果，これらの操作は統語的制約の強さという度合いによって以下の表3に示す順で六つの階層に分けられる，と飛鳥氏は言う。

表3　日本語慣用句に対する統語的操作の階層関係

慣用句に容認される度合いが低い　↓　慣用句に容認される度合いが高い	L5　取り立て(○危ない橋も渡る) L4　関係節化(○ただ一度渡った危ない橋) L3　形容詞句付加(○こんな危ない橋を渡る) L2　受身化(○そんな危ない橋を渡られては ...) L1　副詞句付加(○いつも危ない橋を渡って ...) LØ　いずれの操作も不可

　これらの操作は，L5「取り立て」からL1「副詞句付加」へと，慣用句に対して加えにくいものから加えやすいものへと，五つの階層をなしている。また，(Fraser氏の階層と同様に) ある一つの階層の操作を許した慣用句はそれより下の階層の操作もすべて許すとされている。**L5「取り立て」**は最も制約の強い操作であり，例にある「危ない橋を渡る」のように「は」や「も」などの助詞をつけることが可能な慣用句は，L4「関係節化」やL3「形容詞句付加」などの他の四つの操作もすべて可能，ということになる。こうして，「危ない橋を渡る」は表3のように，L5のほかにL4～L1の操作もすべて許すので，L5の慣用句として分類できるわけである(用例は飛鳥 (1982:75) による)。

　また，**L2「受身化」**はL5～L3の操作よりも制約が弱いが，L1「副詞句付加」よりも制約が強い。よって次の「足を洗う」のように，L5～L3の操作を受けられない慣用句でも「受身化」を受けられるものは，「副詞句付加」も受けられると予測できる。

(31) **L5―取り立て**　　×彼は，足は洗ったが，手は洗わなかっ

　　　　　　　　　　た。
　　L4―関係節化　　×それが彼が洗った足です。
　　L3―形容詞句付加　×彼は自分の足を洗った。
　　L2―間接受身化　　○今ここでやつに足を洗われてはまずい。
　　L1―副詞句付加　　○彼は，とうとうやくざから足を洗った。

「足を洗う」は上のように L2 以下の操作が可能であるので，L2 の慣用句として分類される（用例は飛鳥（1982:76）による）。

　上のように個々の慣用句についてどのような操作を許すのかを調べていけば，慣用句を L5 ～ LØ のうちのいずれかのレベルに分類できる。LØ の慣用句は，L5 ～ L1 の操作をいずれも許さないものであるが，飛鳥氏によればこのようなものはあまり存在しない。それぞれのレベルに属する慣用句の例を挙げると，次のようになる。

(32)　**L5**―危ない橋を渡る，腕をみがく，首を切る，唇を奪う，…
　　　L4―喧嘩を売る，メスを入れる，体をこわす，十字架を背負う，…
　　　L3―顔に泥をぬる，嘴を入れる，口を挟む，肩を持つ，…
　　　L2―油を売る，足を洗う，羽を伸ばす，水に流す，…
　　　L1―空を切る，息をのむ，肝を冷やす，泡を食う，…
　　　LØ―小手をかざす

L5 の「危ない橋を渡る」や L4 の「喧嘩を売る」など，この階層の上のレベルに属する慣用句は，より多くの統語的操作を許す点で，その統語的固定性の度合いが相対的に低い。L2 の「足を洗う」や L1 の「肝を冷やす」などの，下のほうのレベルに属するものは，統語的操作が受けにくくなるという点で，その統語的固定性の度合いが相対的に高い。

　ところが，上の階層における L2「受身化」の操作に関しては問題点がある。「メスを入れる」や「水に流す」などの，「名詞＋を／に＋動詞」の構造を持つ慣用句は「○メスを入れられた」や「○水

に流された」のように，受身化の適用は可能であるが，「足がつく」や「目が肥える」などの，「名詞＋が＋動詞」の構造を持つ慣用句にはこの操作を適用できない。これは，「つく」や「肥える」などは「×つかれる」「×肥えられる」のように，本来受身化を許さない自動詞だからである。本来受身化を許さないものについて受身化の可否を調べても意味がないので，飛鳥氏は「名詞＋が＋動詞」の慣用句の階層から「間接受身化」という層を省き，階層の数を次の五つにしている。

(33)　**L4―取り立て**　　　　　　　　（例）目が肥える
　　　L3―関係節化　　　　　　　　（例）胸がさわぐ
　　　L2―形容詞句付加　　　　　　（例）足が出る
　　　L1―副詞句付加　　　　　　　（例）足がつく
　　　L0―いずれの操作も不可　　　（例）腕がなる

　この階層における慣用句の分類の一例として「足が出る」を見てみると，これは「×予算は<u>足も出た</u>」や「×これがその<u>出た足</u>です」のようにL4「取り立て」とL3「関係節化」を許さないが，「○<u>予算の足が出て</u>しまった」や「○<u>かなり足が出た</u>ようだ」のようにL2「形容詞句付加」とL1「副詞句付加」を許す（用例は飛鳥(1982：77)による）。よってL2の慣用句として分類される。なお，「足が出る」などのL2慣用句は「形容詞句付加」が可能である点では，先ほど見た「足を洗う」などのL2慣用句とは異なっている。このように「名詞＋が＋動詞」の慣用句の階層と，他の助詞を含む慣用句の階層との間にずれがあるのである。

　以上述べたように，飛鳥氏はさまざまな用例を検討しながら動詞慣用句に対する統語的操作の階層性を明らかにしている。しかし，いくつかの疑問が残る。まず，この階層性が絶対的であるという主張には上に述べたFraser氏の階層と同様に，多少の問題がある。たとえば，L5「取り立て」とL4「関係節化」に関して，前者を許して後者を許さないような慣用句は「存在しない」と述べている

が,「耳を貸す」についてこの二つの操作を調べてみれば,「○耳も貸さない」と言えるのに対して,「×貸す／?貸した／×貸している耳」とは言えない。これと同じように,「○腹は立つ」や「○口も利かず」は容認されるが,「×立つ／×立った／×立っている腹」や「×利く／×利いた／×利いている口」は容認されない。

　また,L3「形容詞句付加」とL2「間接受身化」に関して,前者のみを許す慣用句は「存在しない」と述べているが,次の(34)「手を焼く」と(35)「顔が利く」のように,まったく存在しないわけではない。

(34) a. ○強盗は捜査員の手を焼かせた。　　［形容詞句付加］
　　 b. ×子供のいたずらに手を焼かれた。　［間接受身化］
(35) a. ○君の顔の利くバーに行けば…　　　［形容詞句付加］
　　 b. ×太郎に顔を利かれて困った。　　　［間接受身化］

よって,上のような例外をどう扱うかを明示する必要がある。

　もう一つの問題点は,飛鳥氏は「取り立て」や「関係節化」などの五つの操作の階層性を示しているが,本章のはじめに述べたように,「連用修飾語の挿入」や「肯定・否定表現化」,また「敬語表現化」などの操作も慣用句の統語的固定性を計るための有力な指標であると考えられる（森田 (1985, 1994) や宮地 (1986) など）。飛鳥氏によれば,「副詞句付加」という操作は「○ぐっと歯を食いしばった」のように慣用句の頭に副詞(句)を付加する操作と,「○歯をぐっと食いしばった」のように慣用句内部に副詞(句)を付加する操作（つまり「連用修飾語の挿入」）という二つに分けられ,後者のほうは前者よりも制約が強く慣用句の固定化を示す有力な指標になり得る（飛鳥 (1982: 78)）。しかしながら,飛鳥氏は前者のみを対象とし,後者が統語的操作の階層のどこに位置づけられるのかを明らかにしていない。

　「連用修飾語の挿入」や「肯定・否定表現化」などにも階層性が認められるかどうか,そして動詞慣用句に加えられるさまざまな統

語的操作がいくつかの「タイプ」に分けられるかどうかについてはさらに検討する余地がある。そこで筆者は別個に，先行研究で用いられている10個の統語的操作を取り上げ，これらを統語的制約の強さという度合いによって「句の再構成を行う操作」や「構成語に他の語を付加する操作」などといった六つのレベルに分けて階層関係を明らかにする試みを行った（石田（2000））。この階層に関しては慣用句の意味に関連して次の第4章で述べることにする。

むすび

　本章では，日本語と英語の慣用句の文法的な面を検討し，慣用句の中には自由度の低いものから自由度の高いものまであることを示した。また，慣用句に加えられる統語的操作の間に規則的な関係が成立しているかどうか，つまりこれらに「階層性」が認められるかどうかという問題に関しては，階層性が認められないと主張する研究者がいる一方，階層性があるとする研究者もいると述べた。第1章で述べたように，慣用句の特性の一つがその統語的制約であるとすれば，「頭にくる」「肝を冷やす」「泡を食う」などの，統語的制約の強い慣用句は慣用句としての性格が濃い，つまり典型的な慣用句であるということになる。一方，「汗をかく」「手を打つ」「危ない橋を渡る」などの，制約の弱い慣用句は，慣用句としての性格が薄く，一般連語句に性質が似ている。このように，慣用句の統語的固定性の度合いは第2章で述べた「形式的固定性」の度合いと並べて「慣用句らしさ」の目安にすることができる。

　なお，本章では，慣用句の文法の面にもっぱら焦点を当て，慣用句の文法的な振る舞いとその意味の関係については触れなかったが，慣用句の統語的固定性と，慣用句のもう一つの特性である「意味的固定性」の間には密接な関係があると考えられる。次の章では慣用句の「意味的固定性」を考察しながら，このことについて述べることにする。

第 4 章

「手を打つ」の「手」は「手を焼く」の「手」と違う
─慣用句の「意味的固定性」について─

1 昔から言われてきた特性

　左のイラストは数年前に，日本語の慣用句に関する使用実態調査の結果を報告している雑誌の記事に掲載された（「からだことば体力検定」『広告批評』第198号，1996年）。ご覧のとおり，「足が出る」という慣用句の文字どおりの意味を絵にしたものである。可愛くてユーモアのあるイラストだが，このユーモアはどこから来ているのかと言うと，「足が出る」の文字どおりの意味と，「出費が予算を超過する」という句全体の表す意味のずれから来ている。「足が出る」の「足」は「金銭，出費」を表しており，身体部位の「足」とは関係ないわけである。

　このイラストのように，慣用句には句全体の意味がそれぞれの語の通常の意味の積み重ねと一致しないという特性がある。この特性は従来，慣用句の本質的な特性とみなされ，慣用句を定義する重要な基準，あるいは唯一の基準とされることが多かった。たとえば，言語学者の白石大二氏によれば，慣用句とは「いっしょに使われて特別な意味になる一群の語」のことである。また，宮地裕氏や国広哲弥氏は慣用句を「... 全体で決まった意味を持つ言葉」や，「... 全体の意味は構成語の意味の総和からは出てこないもの」としている。[1]

　このような意味的な特性は，慣用句を「一般連語句」と区別する指標の一つである。「肉を焼く」や「東京に来る」などの句は，個々の語の通常の意味と，これらの語を結ぶ文法的な関係によって意味解釈が定まる。したがって，「肉」が「食用の動物の中身」を表していることや，「焼く」が「熱を加えて調理する」行為を表し

---

[1] それぞれの定義については白石（1977: 536），宮地（1982b: 238），国広（1985: 7）を参照されたい。

第4章 「手を打つ」の「手」は「手を焼く」の「手」と違う　89

ていること，また「名詞＋を＋他動詞」といった句構造が「名詞」へ向けての動作や働きかけを表すことを知っている人ならば，「肉を焼く」の意味を問題なく解釈できる。これに対し，「手を焼く」や「頭にくる」の意味は個々の語の通常の意味の積み重ねや各句の文法的な構造とは異なり，句全体に固有のものである。「手」「を」「焼く」や「頭」「に」「くる」といった個々の語の意味や文法的な関係からは，「取り扱いに困る」や「怒る」といった意味が予測できない。よって「肉を焼く」や「東京に来る」は「一般連語句」であり，「手を焼く」や「頭にくる」は慣用句であると一般的にみなされている。

　英語の慣用句の研究においても，日本語の慣用句の研究と同様に，意味的な特性は慣用句の定義の重要な要素とされてきた。代表的な定義として次のものが挙げられる。

(1)　An idiom is a complex expression whose meaning cannot be derived from the meanings of its elements.

(Weinreich (1969 : 26))

（慣用句とは複数の語からなっている表現で，その意味が個々の構成語の意味からは導き出せないものである）

(2)　An idiom is a conventionalized expression whose meaning cannot be determined from the meaning of its parts.

(Irujo (1986 : 288))

（慣用句とは全体の意味が個々の構成語の意味からは定まらない慣用表現のことである）

この特性は英語では **non-compositionality**（「非合成性」）と呼ばれることが多い（non-compositionality の概念をさらに限定している専門家もいるが，このことについては後ほど述べることにする）。「鹿を撃つ」ことを意味する shoot the deer や「そりを引く」ことを意味する pull the sled は，句全体の意味が個々の語の意味の積み重ねと一致しており，「合成的（compositional）」な表現である。これ

に対し,「おしゃべりする」ことを意味する shoot the breeze は, shoot（撃つ）と breeze（そよ風）といった個々の語の通常の意味と「おしゃべりする」といった句全体の意味の間に直接的な関係が認められず,句全体の意味が個々の語の意味の積み重ねとは異なり,「非合成的（non-compositional）」な表現である。「コネを利用する」ことを意味する pull strings に関しても同様である。「コネを利用する」という意味は，pull（引っ張る）と strings（ひも）の通常の意味からは導き出せないからである。なお，shoot the deer や pull the sled などの合成的な表現は「自由な語結合（free combinations）」（先の「一般連語句（ordinary collocations）」にほぼ対応するもの）とみなされる一方で，shoot the breeze や pull strings などの非合成的な表現は「慣用句」として分類される。

以上のように，慣用句は本来「非合成的」な表現であるといった考え方が主流であった。しかし，一般に慣用句と認められるものの中に「非合成的」なものもあれば「合成的」なものもある，つまり句全体の意味と個々の構成語の意味の間に関連性が認められる場合があるといった見解も出てきた。この見解によれば，non-compositionality は慣用句の絶対的な特性ではなく，個々の慣用句についてその有無あるいは度合いを判断する必要がある。そこで本章では，non-compositionality は絶対的な特性ではないという立場を取り上げ，英語と日本語の慣用句の意味的な側面を検討する。また，non-compositionality といった意味的な特性が慣用句の文法的な側面に関連していることを示し，この意味的な特性の有無あるいは度合いを判断する方法について述べていく。[2]

---

[2] 先に示したように「非合成性」は non-compositionality の訳語として用いられているが，日本語の慣用句に関する研究においては「非合成性」という言葉は用いられず，non-compositionality に当たる意味的な特性は「構成語のむすびつきの不規則性」「意味上の非分割性」「イディオム性」「意味的固定性」などと呼ばれている。ここでは取りあえず「（非）合成的」という用語を用いるが，後ほど

2 慣用句の意味が分かれば個々の語の意味も分かる場合がある
── 英語慣用句の「予測性」と「分解性」──

　一般に慣用句と認められるものの中に「合成的 (compositional)」なものも存在すると主張している代表的な研究者として、ジェフリー・ナンバーグ氏、イヴァン・サグ氏、トマス・ワソー氏がいる (Nunberg, Sag and Wasow (1994))。以下に彼らの研究を概観することにしたい。

　Nunberg 氏らによれば、慣用句の意味的な特性は二つある。一つは、慣用句に含まれている語の通常の意味（つまり、個々の語が句外で一般に表している意味）に関する知識のみでは、慣用句全体の意味を予測できない、といった特性である。たとえば先の pull strings について言えば、英語を母語としない人や、英語を母語としている子供がこの表現を（文脈なしで）はじめて耳にしたとき、「コネを利用する」といった意味をただちに推測できるとは考えにくい。pull（引っ張る）と strings（ひも）といった個々の語の通常の意味から考えれば、この句は「望ましいものを手に入れる」や「緊張する」など、他のさまざまな意味解釈も可能であるからである。

　「秘密をもらす」ことを表す spill the beans や、「おしゃべりする」ことを表す shoot the breeze なども同様である。spill the beans をはじめて聞いた人は spill（こぼす）と beans（豆）から、「ヘマをする」や「失敗する」などの意味を思い浮かべやすい。また、shoot（撃つ）と breeze（そよ風）の通常の意味からは「おしゃべりする」といった意味は予測不可能であり、「効き目のない行動」などという解釈がされやすいようである。（上記の解釈例は筆者が以前行った実験調査による。）

　この特性、つまり慣用句の意味が個々の構成語からは予測できな

日本語の慣用句の意味的な特性を述べる中では、便宜的にこの特性を「意味的固定性 (semantic frozenness)」と呼ぶことにする。

い特性を,「**conventionality（慣用性）**」と言う。「conventional（慣用的）」という単語は，定義としては「習慣として一般に広く使われている」ことを意味するのだが（『明鏡国語辞典』），pull strings や shoot the breeze などの表現に関しては，個々の語に関する知識だけでは解釈不可能でありながら，英語の話者同士では一種の「約束事」あるいは「慣習」として，「コネを利用すること」「おしゃべりすること」といった意味を表す。よって「慣用的」な表現と言われる。なお pull strings や shoot the breeze は「慣用的」である点で，やはり先の pull the sled（そりを引く）や shoot the deer（鹿を撃つ）などの自由な語結合（free combinations）と区別できるのである。

　もう一つの特性は，慣用句の意味を一旦知った上でその意味を個々の構成語に分解できるか否か，つまりその慣用的意味から個々の構成語の意味が導き出されるかどうかということである。たとえば，先の shoot the breeze を pull strings や spill the beans と比較してみると，shoot the breeze は次の例のように句全体で「おしゃべりする」といった意味を表し，この意味は shoot や breeze といった個々の語の意味には分析・分解できない。

(3) Last night after supper, John and Ted sat at the kitchen table and shot the breeze for a couple of hours.
　　（昨夜の夕食後，ジョンとテッドは食卓に座ったまま2, 3時間おしゃべりした）

「分解できない」というのは，この慣用句を知っている英語の母語話者でさえ，shoot と breeze がそれぞれ「おしゃべりする」といった意味のどの部分に対応しているのかが判断できないということである。「グーグー寝る」ことを表す表現に saw logs があるが，それに関しても同様である。英語の話者が「グーグー寝る」という意味を知っているとは言え，saw（挽き割る）と logs（丸太）がそれぞれ「グーグー寝る」のどの部分を担っているのかは分からないのである。

ところが，pull strings や spill the beans は，先の shoot the breeze や saw logs とはやや違う。前者の二つは次のように用いられる。

(4) John got that job because his father pulled strings for him.
　　（ジョンがあの仕事に就いたのは，お父さんにコネを利用してもらったからです）
(5) John spilled the beans about the birthday party Jane's friends were planning for her.
　　（ジョンは，ジェーンの友達が企画している誕生パーティーについてうっかり秘密をもらした）

pull strings は上の（4）のように「コネを利用する」といった意味を表し，この意味は pull（引っ張る）と strings（ひも）の通常の意味とは直接的な関係はないが，英語の話者にこの二つの語がそれぞれこの慣用句全体の意味のどの部分を担っているのかを聞いてみると，strings は「コネ」（connections）を表しており，pull は「利用する」こと（use），あるいは「あやつる」こと（manipulate）を表していると判断する人が多い。

また，spill the beans といった表現を知っている英語の話者なら，the beans は「秘密」に対応し，spill は「もらす」に対応しているというように，この慣用句の意味を個々の構成語に分析できる人が多い。このように，pull strings や spill the beans は，それらを構成している個々の語が慣用句全体の意味のどの部分を担っているかを分析・分解できる。なお，慣用句の意味をすでに知っている母語話者のみならず，上の（4），（5）のような分かりやすい文脈の中ではじめて慣用句に出会った非母語話者も，句全体の意味と個々の構成語の意味の間に何らかの規則的な対応関係があることを認められると思われる。

Nunberg 氏らは，上に述べた慣用句の分析性・分解性を「**compositionality**（**合成性**）」と言っている。pull strings や spill the beans

などの分析可能な慣用句は「compositional（合成的）」であるのに対し，shoot the breeze や saw logs などの分析不可能なものは「non-compositional（非合成的）」ということになる。「(非)合成性」と「慣用性」の違いについては，話者が慣用句の意味をすでに知っているかどうかが肝心な点である。「慣用性」を判断するときは，問題の慣用句の意味を知らない人の立場から考えることが必要であるのに対し，「(非)合成性」を判断するときは，句全体の意味が既知であることが前提である。よって「慣用性」は慣用句の意味の「予測性」にかかわっているのに対し，「(非)合成性」は慣用句の意味の「分析性」あるいは「分解性」にかかわっているということになる。なお Nunberg 氏らは，従来の研究の中にはこの二つの特性を混同しているものが多いという問題点を指摘している。

　「慣用性」と「(非)合成性」の違いを踏まえながら，Nunberg 氏らは「(非)合成性」のほうに注目し，慣用句を次の2種類に分けている。shoot the breeze や saw logs，また kick the bucket（死ぬ）や hit the ceiling（かんかんになる）などは，句全体としての意味と個々の構成語の意味の間に規則的な対応関係が成立しておらず，句全体の意味は個々の構成語に分解できない。この種のもの，つまり「非合成的な慣用句」を「**idiomatic phrases**（「慣用的表現」)」と呼んでいる。

　一方，pull strings や spill the beans，また jump on the bandwagon（時流に投ずる）や a skeleton in the closet（外聞をはばかる（一家の）秘密）は，句全体の意味と個々の構成語の意味の間に対応関係が認められ，個々の語が句全体の意味のどの部分を担っているかが分析できる。このような「合成的な慣用句」を「**idiomatically combining expressions**（慣用的に結合した表現）」あるいは「**idiomatic combinations**（慣用的語結合）」と呼んでいる。

　以上述べたことをまとめると，pull strings や spill the beans などの「慣用的語結合」と，shoot the breeze や saw logs などの「慣用的表現」は両者とも「慣用的」であるが，「合成的（compositional)」であるか否かといった点で異なっているということになる。しかし，個々の慣用句が「合成的」であるか否かといった判断は，先に挙げた例からも分かるとおり，母語話者の直感によるものであり，主観的あるいは恣意的な要素が含まれる可能性がある。この特性の有無あるいは度合いを判断するには，客観的な指標を設けることが求められる。そこで次に，個々の慣用句が「合成的」であるか「非合成的」であるかをどのような方法をもって確かめられるのかについて述べることとする。

3　pull a few strings と言えるが shoot a few breezes とは言えない──文法と意味の関係（I）──

　慣用句の「合成性（compositionality）」を判断する方法について述べるにあたり，まず海外テレビの病院ドラマの実例を取り上げてみたい。以下の場面では，アビーという名の看護師が精神病を抱えている自分の弟の治療について，母親（マギー）と口喧嘩をしている（『ER 緊急救命室 IX』第9話）。

(6)　マギー：　Abby, the only way someone with this disease gets better is if they want to.
　　　　　　　（アビー，この病気を抱えている人が元気になるには，自ら治ることを望む以外ないのよ）
　　　アビー：　Oh what, so until then, we just wait it out? Is that it?
　　　　　　　（ええ，なに，それまで私たちは待つしかないと言うの？　そう言いたいの？）
　　　マギー：　No, I didn't say that.
　　　　　　　（そうじゃないわ，そんなことは言ってないわ）
　　　アビー：　Well, then what are you saying, Mom? What's the plan here? Does he even have one? Do

you have one?
(じゃ，何だって言うの，お母さん。何か案はあるの？彼には何か案があるの？お母さんはあるの？)

マギー： We're going back to Minnesota in the morning.
(明日の朝，ミネソタへ帰る予定なのよ)

アビー： What? No, you're not! Do you have any idea how many strings I had to pull to get him into that center?
(えっ？ まさか，帰るなんて！あの施設に彼を預かってもらうにはどんなにたくさんのコネを利用しなければならなかったのか分かっているの？)

マギー： He'll live with me, I'll get him to see my psychiatrist at least once a week.
(一緒に暮らしてもらうのよ。私がかかっている精神科医に少なくても週1回診てもらうのよ)

アビー： This is a proven program!
(この治療プログラムの効果は証明されているのよ！)

マギー： I'll keep him on his meds [medication], if I can.
(私はできれば彼に薬を飲み続けさせるわ)

アビー： If you can!
(できればですって！)

以上のように，アビーは Do you have any idea how many strings I had to pull ...（... どんなにたくさんのコネを利用しなければならなかったのか分かっているの？）と言う。pull strings という慣用句の名詞 strings に，how many といった，「いくつあるか」を示す表現，つまり数量にかかわる表現が付加されていることは興味深い。実際に新聞や小説の pull strings の用例を見てみると，how many といった表現のほかにも，以下のような「数」を表す表現が一緒に

第4章 「手を打つ」の「手」は「手を焼く」の「手」と違う

用いられている例が数多く見られる。

(7)　○ pull some strings（いくつかのコネを利用する）
　　　○ pull a few/several strings
　　　　（二，三［三，四］のコネを利用する）
　　　○ pull a lot of strings（たくさんのコネを利用する）
　　　○ pull more strings（もっとたくさんのコネを利用する）
　　　○ pull a string or two / pull one or two strings
　　　　（一つか二つのコネを利用する）

　(7) の例のように，strings といった名詞に数量を表す some や a few を付加することを「**quantification**（**量化**）」と言う。ここで重要なポイントは，「量化」は慣用句の一部にかかわる文法的な操作であり，慣用句全体にかかわる操作ではないという点である。このように慣用句の名詞に数量を表す語句を添えることができるという事実は，その名詞が何らかの解釈可能な意味を表していることを示唆するのである。逆に，慣用句の名詞に解釈可能な意味がなければ，「いくつあるか」ということを述べることができないはずである。

　pull strings のほかに，spill the beans や look a gift horse in the mouth（贈り物・貰い物の悪口を言う），また touch a nerve（～の神経にさわることを言ったりしたりする）などの慣用句も，以下の例のように「量化」されやすい。

(8)　○ they spill every bean they have
　　　（彼らはすべての秘密をもらす）
(9)　○ That's the third gift horse she's looked in the mouth this year. ※[3]
　　　（それは彼女が今年けちをつけた三つ目の贈り物です）
(10)　○ touch a couple of nerves ※

---

[3] Nunberg et al. (1994) から引用した用例は※で示す。※がついていない用例は，筆者が収集あるいは作成したものである。

(二つの神経にさわることを言う)

よってこれらに関しても，各名詞（句）が何らかの解釈可能な意味を表していると言えそうである。beans は「秘密」に当たり，gift horse は「贈り物」に当たり，nerve は「神経」に当たると考えられるわけである。

　一方では次のように，kick the bucket（死ぬ）や shoot the breeze（おしゃべりする），また saw logs（グーグー寝る）などの慣用句に「量」を示す表現を添えると，それぞれの用例の日本語訳からうかがえるように，慣用句としての意味が失われ，文字どおりの意味になったり（(11a) kick the bucket, (11c) saw logs），あるいはまったく解釈不可能な表現になったりしてしまう（(11b) shoot the breeze）。

(11)　a.　× kick some buckets（いくつかのバケツを蹴る）
　　　b.　× shoot a few breezes（そよ風を 2, 3 個撃つ）
　　　c.　× saw a log or two（丸太を 1, 2 本引き割る）

(11) に示した慣用句に「量化」が許されないことは，bucket や breeze や logs といった名詞がこれらの慣用句において解釈可能な意味を担っていないことを意味する。要するに bucket, breeze, logs はそれぞれ「死ぬ」「おしゃべりする」「グーグー寝る」といった意味のどの部分を担っているのかが判断できないわけである。このことから kick the bucket や shoot the breeze，また saw logs の句全体の意味は個々の構成語の意味に分解できず，一つのかたまりとなっていると思われる。

　以上のことから，「quantification（量化）」は個々の慣用句が「合成的（compositional）」であるかどうか，つまり idiomatic combination（慣用的語結合）と言えるかどうかを調べるための有効な指標であることが分かる。Nunberg 氏らによると，このような文法的な操作の可否を観察することにより，さまざまな慣用句について個々の構成語が独立した意味を表しているかどうかを確かめられる

第4章 「手を打つ」の「手」は「手を焼く」の「手」と違う　　99

と言う。また，先の quantification（量化）のほかに，modification（修飾），topicalization（話題化），anaphora（照応関係）などの操作も有力な指標であることを示している。次にこれらについて少し述べておくことにする。なお，Nunberg 氏らはこれらの指標の有効性を検証するにあたり pull strings などの idiomatic combinations（慣用的語結合）のみを扱っているが，本章では，それぞれの指標の有効性を明確にするために kick the bucket などの，いわゆる idiomatic phrases（慣用的表現）の用例も検討する。

　まずは，形容詞や関係節による「**修飾（modification）**」を取り上げる。慣用句の中には，たとえば次の（12）の leave no stone unturned（あらゆる手段を尽くす）や（13）の kick the habit（癖をやめる）のように，慣用句の名詞に形容詞をつけることができるものがある。

(12)　leave no legal stone unturned ※
　　　（あらゆる法的な手段を尽くす）
(13)　kick the filthy habit ※（悪癖をやめる）

上の用例においては，legal と filthy といった形容詞はそれぞれ stone と habit といった名詞を修飾しており，「どのような stone」なのか，「どのような habit」なのかを説明している。

　これと同様に，pull strings や jump on the bandwagon（時流に投ずる）は慣用句の名詞に関係節を付加できる。

(14)　Pat got the job by pulling strings that weren't available to anyone else. ※
　　　（パットは他の人には利用できなかったコネを利用して，その仕事に就いた）
(15)　Many Californians jumped on the bandwagon that Perot had set in motion. ※
　　　（多くのカリフォルニア人は，ペローが作り出した時流に乗った）

(14) においては，... that weren't available to anyone else（他の人には利用できなかった）といった関係節は strings の意味を修飾しており，(15) においては ... that Perot had set in motion（ペローが作り出した）は bandwagon を修飾している。

　(12) や (15) のように，leave no stone unturned の stone や jump on the bandwagon の bandwagon に形容詞や関係節を付加できるということは，これらの名詞が慣用句中でも何らかの解釈可能な意味を表していることを示唆する。意味を持たない名詞であれば，修飾することができないはずだが，stone や bandwagon は修飾できるわけだから，これらには意味があると言える。よって，leave no stone unturned や jump on the bandwagon は意味的に分解可能な idiomatic combinations（慣用的語結合）に当たる。それぞれの慣用句の名詞がどのような意味を表すかを考えてみると，(12) や (15) の用例の日本語訳から分かるように，leave no stone unturned の stone は「手段」，jump on the bandwagon の bandwagon は「時流」を表すと考えられる。また，(13) kick the habit の habit は「癖」，(14) pull strings の strings は「コネ」を表す。

　ところが，leave no stone unturned などとは違って，修飾を許さない慣用句も数多くある。たとえば，shoot the breeze（おしゃべりする），hit the sack（寝る，眠る），kick the bucket（死ぬ）は以下のように，形容詞や関係節を付加できない。

(16) × shoot the gentle breeze
　　　（やさしいそよ風を撃つ）
　　× hit the comfortable sack
　　　（快適な袋をたたく）
　　× kick the bucket that everyone must eventually kick
　　　（すべての人間がいずれ蹴らなければならないバケツを蹴る）

「どのような breeze」「どのような sack」「どのような bucket」な

のかについて詳しく述べることができないことから，これらの慣用句に含まれている名詞が独立した意味を持たないことや，句全体の意味が一つのかたまりとして固定していることがうかがえる。よって，これらの慣用句はやはり non-compositional（非合成的）であり，idiomatic phrases（慣用的表現）として分類されることになる。

次に，「**topicalization**（話題化）」であるが，これは文中の直接目的語や間接目的語を文頭に移動し，それについてコメントを述べることである。たとえば，I see milk as a necessity.（私は牛乳を欠かせないものとみなす）を Milk, I see as a necessity.（牛乳は，欠かせないものとみなす）に変えるような操作である。この二つの文は意味内容がほぼ同じであるが，Milk, I see as a necessity. のほうは milk という名詞が取り立てられており，この文全体が milk という話題（topic）について述べていると解釈されるのである。

慣用句の話題化は，先の milk の例と同様に，慣用句における名詞を文頭に移動し，それについてコメントを述べる形で文を作ることである。pull strings や a skeleton in the closet（外聞をはばかる（一家の）秘密）や drive a hard bargain（有利に交渉を進める）は次の（17）–（19）のように，話題化が許される。

(17) Those strings, he wouldn't pull for you. ※
(それらのコネを，彼はあなたのために利用してくれないだろう)

(18) His closets, you might find skeletons in. ※
(彼の過去には，外聞をはばかる秘密があるかもしれない)

(19) That hard a bargain, only a fool would drive. ※
(あんなに厳しい条件の交渉は，ばか者しか進めないだろう)

上の例のように，(Those) strings や (His) closets や hard bargain といった名詞句はそれぞれの慣用句から取り出して文頭に移動し，文全体の話題にすることができる。これが可能であることは，これらの名詞が慣用句の中でも何らかの独立した意味を担っていることを示唆する。独立した意味を担っていなければ，文頭に際立たせて

文全体の話題にすることができないはずである。したがって，これらの慣用句の名詞は独立した意味を担っており，句全体の意味の一部を表していると考えられる。具体的に言えば strings は「コネ」を表し，closets は「〜の過去」を表し，bargain は「交渉，商談」を表していると思われる。[4] なお上に述べたことから，これらの慣用句はいわゆる idiomatic combinations（慣用的語結合）に当たると言える。

一方では，hit the sack（寝る，眠る），kick the bucket（死ぬ），saw logs（グーグー寝る）などの慣用句は，以下のように話題化できない。

(20) × <u>That sack</u>, he eventually <u>hit</u>.
　　　（<u>あの袋は</u>，彼がついに<u>たたいた</u>）
(21) × <u>That bucket</u>, she finally <u>kicked</u>.
　　　（<u>あのバケツは</u>，彼女がついに<u>蹴った</u>）
(22) × <u>Those logs</u>, he was really <u>sawing</u>.
　　　（<u>それらの丸太は</u>，彼が勢いよく<u>ひいていた</u>）

よって sack, bucket, logs といった名詞はこれらの慣用句の意味の一部を担っているとは考えにくい。hit the sack や kick the bucket, また saw logs の意味はやはりそれぞれ一つのかたまりとして固定しており，個々の構成語の意味には分解できないのである。

最後に「**anaphora**（照応関係）」について取り上げる。Nunberg 氏らによれば，慣用句の名詞の代わりに it や them などの代名詞や，あるいは this や those などの指示代名詞を使えるかどうかも，慣用句の意味的な分解性の指標に用いられる。日常の英語では，代

---

[4] Fraser (1970) は「話題化」を許す慣用句は存在しないと主張しているが，Nunberg et al. (1994) は (17)-(19) の例のように，pull strings や drive a hard bargain にはこの操作が許されることを示している。ただし，「話題化」を許す慣用句は少数であることも併せて指摘している。

名詞や指示代名詞はよく使われる。たとえば，AさんがWhere's Mary?（メアリーはどこにいる？）と聞いたら，Bさんは普通She's in the garden/at the library.（彼女は庭／図書館にいる）などと答える。後者の文のSheと前者の文のMaryは同じ人物を示していると解釈される。このような代名詞と名詞の関係，つまり，代名詞と前に出てきた名詞（あるいは時に後ろに出てくる名詞）とが同じ指示対象を表す関係を，「anaphora（照応関係）」と言う。

　pull strings, spill the beans, break the ice（堅苦しい雰囲気をほぐす），let the cat out of the bag（つい秘密をもらす）などは，問題なく慣用句の名詞を代名詞に置き換えられる。たとえば，次の（23）のようにpull stringsのstringsをtheyにしたり，（24）のようにbreak the iceのiceをitにしたりすることができる。

(23) Kim's family pulled some strings on her behalf, but they weren't enough to get her the job. ※
（キムの家族は彼女のためにいくつかのコネを利用したが，これらは彼女があの仕事に就くためには不十分だった）

(24) Pat tried to break the ice, but it was Chris who succeeded in breaking it. ※
（パットは（パーティーなどの）堅苦しい雰囲気をほぐそうとしたが，それをほぐすことができたのはクリスのほうだった）

　（23）のtheyと（24）のitはそれぞれstringsとiceのことを表していると解釈される。このような照応関係が成立すること，つまりこれらの慣用句に含まれている名詞の代わりにtheyやitといった代名詞が用いられることは，stringsとiceに指示対象があることや，これらの句の中で独立した意味を表していることを示唆する。具体的に言えばiceは「堅苦しい雰囲気」を意味し，stringsは（上にも述べたように）「コネ」を意味すると考えられるのである。

　ところが，shoot the breeze, saw logs, kick the bucket, hit the ceiling（かんかんになる）などはpull stringsやbreak the iceと

は違って，構成語の名詞を代名詞に置き換えることができない。たとえば次の (25) のように，shoot the breeze の breeze を it にしたり，(26) のように saw logs の logs を them にしたりできない。

(25) × John and Ted shot the breeze, but Jane and Mary didn't shoot it.
（ジョンとテッドはおしゃべりしたが，ジェーンとメアリーはそれを撃たなかった）

(26) × My father was sawing logs, but my mother wasn't sawing them.
（父はグーグー寝ていたが，母はそれらをひいていなかった）

(25) の John and Ted shot the breeze と (26) の My father was sawing logs は問題なく言えるが，これらに続く ... Jane and Mary didn't shoot it と ... my mother wasn't sawing them といった文は慣用句としての意味が失われており，文字どおりの解釈しかない。よって (25) と (26) は文全体が容認できない。このことから，breeze や logs といった名詞にはこれらの慣用句において具体的な指示対象や独立した意味がないことが分かる。kick the bucket や hit the ceiling に関しても同様であり，× John kicked it（ジョンはそれを蹴った）や × John hit it（ジョンはそれを叩いた）のように bucket や ceiling を it に置き換えることができない。[5] よってこれらの名詞はそれぞれ「死ぬ」「かんかんになる」といった意味のどの部分を担っているのかが不明である。

---

[5] It looks like {my cat's/my computer's} about to kick it.（「僕の {猫／パソコン} は今にも {死にそう／壊れてしまいそう} だ」）のように，kick it は「死ぬ，故障する」ことを意味するが，この表現が kick the bucket から派生したかどうかに関しては不明である。また，kick it の it がどのような意味を表しているかを英語の話者に聞いても，判断できないと言う。よって本章では kick the bucket と kick it は別個に成立した表現であるとみなし，kick the bucket の bucket は it に置き換えられないと考える。

以上，慣用句の文法的な特性とその意味的な特性の間に密接な関係があることを示した。「量化（quantification）」「修飾（modification）」「話題化（topicalization）」「照応関係（anaphora）」などの操作を指標にすれば，さまざまな慣用句の個々の構成語が独立した意味を担っているかどうかを確かめられる。pull strings, break the ice, a skeleton in the cupboard, spill the beans, touch a nerve, jump on the bandwagon, kick the habit などは「量化」や「修飾」などが可能であり，このことからこれらの慣用句の意味は個々の構成語の意味に分解できることが分かる。この一方で kick the bucket, shoot the breeze, hit the sack, saw logs, hit the ceiling などは上に挙げた操作が不可能なので，句全体の意味が一つのかたまりとして固定していることが分かる。なお，Nunberg 氏らの用語を借りれば，pull strings や break the ice は「合成的（compositional）」な表現で「idiomatic combinations（慣用的語結合）」に当たるのに対し，kick the bucket や shoot the breeze は「非合成的（non-compositional）」なもので「idiomatic phrases（慣用的表現）」に当たる。[6]

　Nunberg 氏らは，意味的に分解できる「idiomatic combinations（慣用的語結合）」のほうが分解できない「idiomatic phrases（慣用的表現）」よりも数多くあると主張している。この見解は慣用句の意味に関する伝統的な考え方，つまり慣用句は定義からして「非合成

---

[6] 本章で紹介した 4 個の操作に加えて，Nunberg et al. (1994) は「verb phrase ellipsis（動詞句の省略）」といった操作も挙げている。本章では紙幅の関係でこの操作の詳細は割愛するが，一言で説明すると，My goose is cooked, but your goose isn't.（僕は絶望的だが，君はそうじゃない）のように，慣用句の動詞を省略する操作である。後ろの文 but your goose isn't において cooked といった過去分詞が省略されているわけだが，これにもかかわらず，but your goose isn't cooked という意味で間違いなく解釈される。慣用句を含んでいない文の動詞句の省略は，問題の動詞句が解釈可能な意味を担っている場合にのみ許されると一般に言われていることから，この用例のように慣用句の動詞を省略できることは，その動詞が何らかの独立した意味を担っていることを示唆する。

的」な表現であるといった考え方とは大いに異なっている。日本語の慣用句に関しても，慣用句全体の意味と個々の構成語の意味の間に対応関係が認められる場合があるとしている研究があるが，このことについては後ほど詳しく述べる。

　むすびに，筆者が数年前にたまたま目にした用例を紹介したい。マーガレット・アトウッドというカナダ人作家の小説に登場する主人公の女性が人気のテレビ・トークショーについて語っている中で，spill the beans（秘密をもらす）という慣用句を次のように用いている。

(27)　... I watched a daytime talk show, the kind on which they spill the beans.　It's the fashion now, bean-spilling: people spill their own beans and also those of other people, they spill every bean they have and even some they don't have.（昼間のトークショー，つまり登場する人々が秘密をもらすようなトークショーを見ました。今流行っていますよ，秘密もらしということ。みんなは自分自身の秘密をもらしたり，他人のそれをもらしたり，自分が抱えているあらゆる秘密をもらしたり，自分が抱えていないものまでもらしたりするわけです）(Margaret Atwood, *The Blind Assassin*（『昏き目の暗殺者』）, McClelland and Stewart, 2000, p. 448. 日本語訳は筆者による)

　先に述べた研究の観点から見れば，上の例における spill the beans の用法は興味深い。those of other people や some they don't have のように，the beans の代わりに those や some といった代名詞が用いられている。spill every bean のように beans の量を表す表現が付加されており，spill their own beans のように所有者を表す代名詞や修飾語が付加されている。また，bean-spilling といった臨時的な複合語が作られている。このような用法から，spill the beans は自由度の高い慣用句と言える。

　また，those of other people や some they don't have の代名詞

である those や some は「秘密」を表していると解釈でき，spill their own beans や spill every bean they have は「自分自身の秘密をもらす」「自分が抱えているあらゆる秘密をもらす」と解釈できることから，やはり spill the beans の beans は「秘密」を表し，spill は「もらす」ことを表していると認められる。このような用例に出くわすと，いわゆる「合成的な (compositional)」慣用句が確かに存在することが分かるのである。

4　日本語慣用句の意味的な特性──従来の考え方──

　次に，日本語の慣用句の意味的な特性に目を向けたい。最初に用語の問題に触れておくと，日本語の慣用句に関する研究では，先の「非合成性 (non-compositionality)」や「慣用性 (conventionality)」といった用語は一般に用いられておらず，これらに当たる意味的な特性は「比喩的な意味」や「構成語のむすびつきの不規則性」，また「イディオム性」や「意味的固定性」などと，研究者によって呼び方が異なる。以下，日本語の慣用句の意味に関する従来の研究を紹介し，次にいわゆる「意味的固定性 (semantic frozenness)」に注目し，日本語慣用句も先に見た英語慣用句と同様，個々の構成語の意味と句全体の意味の間に対応関係が認められる場合があることを示していく。

「比喩的な意味」の有無

　慣用句全体の意味と構成語の意味との関係を扱う代表的な研究としては，まず宮地氏の研究 (1982b, 1989, 1991 など) が挙げられる。宮地氏は，本書の第1章で述べたように，さまざまな慣用句を大きく「連語的慣用句」と「比喩的慣用句」といった2種類に分けている。次の図1にこの二つの定義と用例を示す。

　「連語的慣用句」とは「嘘をつく」や「風邪をひく」などのように，句全体の意味とそれぞれの語の意味の間に明確な関係が認めら

図 1

慣用句
- **連語的慣用句**: 一般連語句に近いが一般連語句よりはその構成語間の結びつきが強く，結合度が高い（例：「嘘をつく」「風邪をひく」「手を出す」「愚痴を言う」「電話をかける」「具合が悪い」）
- **比喩的慣用句**: 結合度が高いうえに，句全体が比較的はっきりした比喩的意味を持っている（例：「頭にくる」「口が重い」「お茶をにごす」「水を打ったよう」「馬が合う」「羽をのばす」）

れるものである。「嘘」や「風邪」などの，個々の構成語の通常の意味はそのまま句全体の意味の一部となっており，よって，句全体は比喩的な意味とは言えない。一方，「比喩的慣用句」とは「頭にくる」や「お茶をにごす」のように「頭」と「くる」，また「お茶」と「にごす」といった個々の語の意味が単に足されたものではなく，「掛け合わされたもの」あるいは「化学変化のように融合して新しい派生的・比喩的な意味になったもの」である（宮地（1991: 70））。句全体の意味とそれぞれの語の通常の意味の間に直接的な関係が認められないわけである。

　ところが，いくつかの問題点が残されている。たとえば，宮地氏は「比喩的慣用句」と「連語的慣用句」を区別する際に各慣用句の意味が「比喩的」であるかどうかを規準としているが，「比喩的な意味」とはどのようなものかという定義を示していない。また，個別の慣用句をどのように「連語的慣用句」あるいは「比喩的慣用句」に分類しているのかが必ずしも明らかでない。たとえば，宮地氏は「手を染める」や「水に流す」など，以下の (28) に挙げたような慣用句を「連語的慣用句」として分類している。

第4章 「手を打つ」の「手」は「手を焼く」の「手」と違う　　109

(28)　手を染める，手を出す，手をかける，人目を盗む

(宮地 (1982b))

お目にかかる，口がうまい，耳がとおい，人目につく

(宮地 (1989))

水に流す，手にする　　　　　　　　　(宮地 (1991))

　しかし「比喩」が「物事の説明に，これと類似したものを借りて表現すること」(『広辞苑』第5版)であるとすれば，上に挙げた慣用句は実際には「比喩的意味」を表すものと言えそうである。たとえば「手を染める」は，「身体部位の手を色のある液体に浸して色をつける」といった文字どおりの意味から，「物事をやりはじめる，ある物事・事業などに関係する」ことのたとえとして用いられていると思われる。これと同様に，「水に流す」の慣用句としての意味「過去のことをすべてなかったこととする」と，この句の文字どおりの意味「川などにものを投げ入れることによってそれをなくす」との間に類似性が認められる。なお，上に挙げた「手を染める」「手を出す」「手をかける」「人目を盗む」は事実，国広氏の研究では「比喩的意味が発達した」慣用句として分類されている(国広(1985))。このことからも，図1に示した「連語的慣用句」と「比喩的慣用句」の分類には明確でないところがあると思われる。

「不規則性」と「非分割性」

　他の専門家の中に，宮地氏とはやや異なった立場をとる研究者がいる。言語学者の村木新次郎氏によれば，日本語の慣用句には意味的な特性が二つある(村木(1985, 1991))。一つは，たとえば「道草を食う」のように，「道草」「を」「食う」という個々の語の意味や，「名詞＋を＋他動詞」という文法構造から，「途中で余計なことをしてしまって時間を無駄にする」といった句全体の意味を求めることができないことである。これは「構成語のむすびつきの不規則性」と言う。もう一つは，たとえば「泡を食う」のように，「驚き

あわてる」といった慣用句としての意味を「泡」の意味と「食う」の意味に分解できないこと，つまり，「泡」と「食う」はそれぞれ「驚きあわてる」といった意味のどの部分を担っているのかが判断できないことである。この特性は「意味上の非分割性」と言う。

一方で，村木氏は，慣用句の中にはある程度意味的に分割可能なものが存在することも指摘している。たとえば，「口にする」は「彼が亡くなってからは，彼女はめったに彼のことを口にしなくなった」のように「話題にする，しゃべる」ことを表したり，「そのジュースは今まで口にしたことのない味がした」のように「飲み食いする」ことを表したりする。「話題にする，しゃべる」という意味には「口」の「ものを言う器官」としての解釈が含まれているのに対し，「飲み食いする」という意味には「口」の「ものを食べたり飲んだりする器官」としての解釈が含まれていると思われるのである。

村木氏の「構成語のむすびつきの不規則性」と「意味上の非分割性」はそれぞれ，先に述べた Nunberg et al. (1994) の「慣用性（conventionality）」と「非合成性（non-compositionality）」に類似しているところがある。しかし村木氏が「分解可能な」慣用句について「口にする」という一例を挙げるにとどまっている点では，さらなる検討が求められる。

「イディオム性」の高い慣用句から低い慣用句へ

日本語とドイツ語の慣用句を比較対照している伊藤眞氏によれば，慣用句には「イディオム性 (Idiomatizität)」といった特性がある（伊藤 (1989, 1997a, 1997b など)）。これは，「構成語の意味と慣用句全体の表す意味との間に，なんら直接的関連性が認められない」という特性である（伊藤 (1997b: 254)）。「イディオム性」は非常に幅のある特性で，イディオム性の高い慣用句もあれば低いものもあると言う。たとえばドイツ語の慣用句 jemanden auf die Palme bringen は，文字どおりに解釈すれば「～を椰子の木の上まで連れてい

く」といった意味だが，慣用句としての意味は「〜を怒らせる」ことである。「椰子の木」と「怒らせる」ことの間に直接的な関連性がないので，この慣用句はイディオム性の高いものであるということになる。

　一方，sich wie ein Elefant im Porzellanladen benehmen はイディオム性の比較的低い慣用句と考えられる。この慣用句を直訳すれば「瀬戸物屋にいる象のように振る舞う」となるが，慣用句としての意味は「不器用でへまをして周囲に迷惑をかける」ことである。少しでも動けば周りの皿やティーカップにぶつかり壊してしまうといった「瀬戸物屋にいる象」の様子は，「不器用でへまをして周囲に迷惑をかける」様子に結びつけやすい。よってこの慣用句は個々の構成語の意味と句全体としての意味との間に関連性があると認められるわけである。

　このように，「イディオム性」という特性には幅がある。また，伊藤氏によれば慣用句とみなされるさまざまな句の「中核」にはイディオム性の非常に高い慣用句（すなわち典型的な慣用句）があり，他の慣用句はイディオム性の高いものから低いものへと図2（p. 112）のような「放射状の分布」をなしている。先の jemanden auf die Palme bringen（〜を怒らせる）は中核に位置づけられ，sich wie ein Elefant im Porzellanladen benehmen（不器用でへまをして周囲に迷惑をかける）は周辺部に位置づけられることになる。

　ところが，伊藤氏は句全体の意味と構成語の意味の間に関連性があるかないか，またその関連性はどの程度であるかという判断は，主観的な要因に基づいて恣意的になされる可能性があるとも言う。よってイディオム性の度合いをどう計るかといった問題が残されているように思われる。この問題について，詳しくは次の節で述べることにする。

図2　イディオム性による慣用句の分類

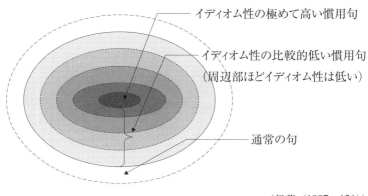

―― イディオム性の極めて高い慣用句

―― イディオム性の比較的低い慣用句
（周辺部ほどイディオム性は低い）

―― 通常の句

(伊藤 (1997a: 121))

5　日本語慣用句の「意味的固定性」―文法と意味の関係（II）―

「意味的固定性」と「統語的固定性」の関わり

　本章では，日本語慣用句の意味的な特性，つまり句全体の意味が句を構成する個々の語の意味の総和と一致しない特性を慣用句の「意味的固定性（semantic frozenness）」と呼ぶことにする。[7] この意味的固定性は，先の「イディオム性」と同様に，個々の慣用句によってその度合いが異なる。たとえば，「頭にくる」について言えば，この句の表す「かっとなる」といった意味は，その構成語である名詞「頭」と動詞「くる」の通常の意味や，これらの構成語間の文法的な関係からは導き出されない。よってこの慣用句は意味的固定性の度合いが高いと考えられる。

---

[7] この用語は「形式的固定性」（第2章）と「統語的固定性」（第3章）と同様に，筆者が独自に考えたものである。なお，この「意味的固定性」は伊藤氏（1997a, 1997b など）の言う「イディオム性」にほぼ対応するが，「イディオム性」は本章の最後に述べる「慣用句らしさ」と混同しやすいと考え，ここではその用語の使用も避けた。

第4章 「手を打つ」の「手」は「手を焼く」の「手」と違う

　一方，「目を伏せる」や「目を向ける」のような慣用句は，その構成語の意味と慣用句全体の意味との間に関連性が認められる。「目を伏せる」は句全体で「視線を相手からそらし，下を向く」ことを意味していると同時に，「目」といった名詞は「視線」を表し，「伏せる」といった動詞は「下へ向ける」ことを表していると解釈される。「目を向ける」の「目」は同様に「視線」を意味しており，「向ける」は「その方向を指すようにする」意味である。よって，この二つは意味的固定性の度合いが比較的低いと言えそうである。

　しかし，上に述べたような意味的固定性の度合いが「高い」「低い」という判断は，直感・主観的なものに過ぎない。意味的固定性を計るには，客観的な基準を設けることが必要である。そこで以下に，筆者が「意味的固定性」を取り上げ，この特性の度合いをどう計るかという問題について対処方法を提示しようとした試みを概観することにしたい（石田（2004））。

　慣用句の「意味的固定性」は慣用句のもう一つの特性である「統語的固定性」に反映されると考えられる。「統語的固定性」とは，慣用句がさまざまな文法・用法上の制約を受けるという特性である（第3章）。先の「頭にくる」を一例にすれば，「×きた頭／×きている頭」「×大きな頭にくる」「×頭に完全にくる」のように，名詞句への転換，形容詞の付加，副詞（句）の挿入などの操作の適用が難しい，あるいは不可能，ということである。この「統語的固定性」の度合いは慣用句によって異なり，統語的操作をほとんど許さないものもあれば数多く許すものもある。第3章で述べたように，従来の研究でも慣用句の統語的固定性を問題にしていることが多く，慣用句の統語的な制約が明らかにされている。しかし，その多くのものでは，慣用句の文法的な側面しか扱われておらず，文法的な側面と意味の関係には触れられていない。

　ところがさまざまな慣用句を観察すると，統語的固定性の低い慣用句はその意味も完全に固定しておらず，個々の構成語の意味が慣

用句全体の意味の一部になっていると考えられる。たとえば，「目を向ける」は「鈴木へ向けた目には…」「恨めしそうな目を向けた」「目をくるりと信夫に向けた」のように，名詞句に転換したり，形容詞をつけたり，副詞(句)を挿入したりできる。このことは，「目」や「向ける」が慣用句中で解釈可能な意味を表していることを示唆する。一方，「頭にくる」は先に示したように，これらの操作が許されず，統語的固定性が高い。これは（形式だけでなく）その意味も一つのかたまりとして固定しており，「頭」や「くる」といった個々の構成語が解釈可能な意味を持たないためであると思われる。

このように，意味的固定性の度合いは，客観的に判断しやすい統語的固定性の度合いに反映すると思われる。また，慣用句の統語的操作は統語的固定性を計る手段としてだけでなく，意味的固定性を計る手段としても有効であると考えられる。そこで以下に，従来の研究で扱われてきたさまざまな統語的操作の中でも，「名詞句への転換」「連体修飾語の付加」「連用修飾語の挿入」「命令表現化」「意志表現化」といった五つのものの可否が慣用句の意味的固定性を計るための有力な指標になることを示す。なお，「名詞句への転換」や「連体修飾語の付加」などは第3章でも取り上げたが，そこでは慣用句の文法的な振る舞いとその意味の関係については触れなかった。本章では，この関係を中心に取り上げていく。

「打った手」と言えるが「焼いた手」とは言えない

慣用句について個々の構成語が解釈可能な意味を持つかどうかを確認するには，先の「目を向ける」→「向けた目」のように，慣用句中の名詞と動詞を並べ換え，本来動詞句であった慣用句を名詞句にすることが可能か否かを指標にできる。これは「名詞句への転換」，あるいは「関係節化」と呼ばれる（第3章）。名詞句に転換できる慣用句もあればできないものもあるのだが，転換できるものにはたとえば次の（29）「目を伏せる」と（30）「手を打つ」などが

ある。[8]

(29) ... 伏せた目を時々あげて司祭は相手の顔を窺う。

(『沈黙』491)[9]

(30) 江戸時代初期に，幕府の打った手に，大名統制策というのがある。　　　　　　　　　　　　　　　　　　　　　（『サイ』20）

　(29) と (30) においては，「伏せた」と「打った」はそれぞれ「目」と「手」を修飾し，これらの名詞の意味を限定している。このように動詞慣用句が名詞句に転換されると，名詞は句において中心となる要素（つまり句の「主要部 (head)」）となり，動詞によって修飾されることになる。また，このように慣用句の名詞や動詞が，（操作によって）修飾されたり，修飾したりできることは，慣用句中で解釈可能な意味を表していることを意味する。解釈可能な意味を表していなければ，修飾関係が成立しないはずである。なお「目を伏せる」「目を向ける」「手を打つ」のほかに，「顔を合わせる」「目を注ぐ」「手を回す」なども名詞句に転換できる。

　ここで，「解釈可能な意味」とはどういうものなのかを明確にする必要がある。「解釈可能な意味」とは，慣用句の名詞や動詞が担っていると考えられる独立した意味で，名詞・動詞によっては複数の意味が認められる場合がある。たとえば，「目」や「手」などには，身体部位の意味がある。この意味は，「目が悪い」や「手を振る」などの一般連語句（つまり普通の形容詞句や動詞句）によく認められる。このようにある単語が普通の句で一般に表す意味を「第一の意味」と呼ぶ。

---

[8] 本書では，「手段をとる」ことを表す「手を打つ」と「話をつける，契約などをととのえる」ことを表す「手を打つ」は，由来や統語的な振る舞いが異なっていることから別個の慣用句であるとみなし，混乱を避けるためにも前者のみを対象とした。

[9] 以下の用例は宮地（編）(1985) の『日本語慣用句用例集』（大阪大学文学部）および『新潮文庫の100冊』(1995) から引用した。

ところが、(29)「目を伏せる」の「目」や(30)「手を打つ」の「手」がどのような意味を表すかを考えると、それは身体部位の意味（第一の意味）ではない。「目」の意味は、先の「目を向ける」や、「目を落とす」「目をそらす」「目をやる」などの類似表現との比較から、これらの「目」と同様に【視線】を表していると言える。そして「手を打つ」の「手」は、「治療に手を尽くす」「ほかに手がない」「あらゆる手を使ってみた」「その手もある」などの「手」と同様に【手段，方法】を表すと考えられる。このように、慣用句における構成語の意味は類例との比較から明らかにできる場合がある。そして【視線】や【手段，方法】といった意味をそれぞれ、「目」や「手」の「第二の意味」と呼び、また、「目」や「手」の「解釈可能な意味」の一つであると考えられる。

　先の、名詞句に転換できるかどうかという問題に戻ると、「目を伏せる」や「手を打つ」のように名詞句への転換が可能な慣用句も確かに存在するが、実際には名詞句に転換できないものや、転換しにくいもののほうが多い。たとえば「目を掛ける」「足を洗う」「手を焼く」などは、次のように、名詞句にならない。

(31) ×掛ける目／×掛けた目／×掛けている目
　　 ×洗う足／??洗った足／×洗っている足
　　 ×焼く手／×焼いた手／×焼いている手
　　 ×入る手／×入った手／×入っている手
　　 ×くる頭／×きた頭／×きている頭

これらの慣用句における「目」「足」「手」などが名詞句の中心的な要素（＝主要部）にならないことは、これらの名詞が慣用句全体の意味のどの部分を担っているのかが分かりにくいことを示している。実際にこれらの慣用句を名詞句に転換すると、それぞれの名詞は身体部位の意味を表すようになることが多い。たとえば、「洗った足」や「焼いた手」と言うと、「足の汚れを（水で）落とした」ことや、「手をやけどした」ことを含意しやすい。別の見方をすれ

ば,「足を洗う」や「手を焼く」が慣用句としての意味を保ったまま名詞句へ転換できないということは,これらの名詞が慣用句中に「第一の意味」を残していないだけでなく,何らかの「第二の意味」も表していないということである。なお,(31)の慣用句に加えて「目を付ける」「足を引っ張る」「口を切る」「耳に入る」「歯が立たない」なども,名詞句への転換が難しい,あるいは不可能である。

「思い切った手を打つ」と言えるが「大きな頭にくる」とは言えない

「恨めしそうな目を向けた」と言えば,「向けた目」にどんな表情があったのかを描写している。このように,「目を向ける」の「目」には形容(動)詞を添え,この名詞の表す意味を修飾したり限定したりすることができる。これは「連体修飾語の付加」,あるいは「形容詞句付加」と呼ばれ(第3章),先に述べた英語慣用句の「修飾(modification)」にほぼ対応する(たとえば,(12)の leave no legal stone unturned や (15) の Many Californians jumped on the bandwagon that Perot had set in motion.)。

先の「目を向ける」や,次の(32)「手を打つ」や(33)「口を利く」のように,連体修飾語の付加を許す慣用句が多く見られる。

(32) 「... いよいよのときは思い切った手も打てた」　　(『どぶ』52)
(33) 「立派な口をききながら,お前はわたしを踏み台にしたな」
　　　　　　　　　　　　　　　　　　　　　　　　　(『悲の』420)

これらの慣用句の構成語である「目」「手」「口」に修飾語を付加できることは,これらの名詞が各慣用句中で解釈可能な意味を表していることを示唆する。逆に言えば,何らかの解釈可能な意味を持たない名詞であれば上のような形容(動)詞や動詞による修飾は不可能なはずである。「恨めしそうな目(を向けた)」と言えることは,「目を向ける」の「目」がやはり【視線】といった意味を表すことを示している。また,(32)の「思い切った手」と(33)の「立派な口」がそれぞれ「大胆な手段」や「見事な言葉」と解釈されること

から,「手を打つ」の「手」は【手段,方法】を表し,「口を利く」の「口」は【言葉】を表していると考えられる。
　「目を向ける」や「手を打つ」のほかに,「足を引っ張る」「耳に入る」「顔が利く」「目をやる」も次のように問題なく連体修飾語を付加する。

(34)　そのことが香代子の耳に入った
　　　疲れた目を庭にやる
　　　君の顔の利くバー
　　　経済成長の足を引っ張る

「目を注ぐ」「手を着ける」「手に入る」「口を挟む」「足を洗う」「口を開く」「口に合う」なども同様である。その一方で「お目に掛かる」「耳にする」「頭にくる」「歯が立たない」などは次のように,連体修飾語の付加を許さない。

(35)　×きれいな／×充血している／×先生のお目に掛かる
　　　×大きな／×するどい／×自分の耳にする
　　　×大きな／×回転の速い／×いらいらした頭にくる
　　　×丈夫な／×きれいに磨いた／×私の歯が立たない

「耳を澄ます」「手も足も出ない」「手が付けられない」なども同様である。こういった例をよく見てみると,これらの慣用句では「目」や「歯」などの名詞が身体部位としての意味を失っているだけでなく,何らかの「第二の意味」さえも表していないことが分かる。したがって,これらの慣用句の意味は一つのかたまりとしてかなり固定していると言えそうである。
　最後に修飾の種類の問題に触れておきたい。上の (32)-(34) の用例からうかがえるように,連体修飾語を付加できるか否かは,修飾語の種類によって変わることがある。たとえば,「手に入る」は,「あの土地が彼の手に入ったのは…」のように「〜の」といった修飾語は付加できるが,「×大きな／×欲張りな手に入る」のように形

容(動)詞による修飾は不可能である。これに対し「口を挟む」は、「×私の口を挟んだ」のような「〜の」のような修飾語は付加できないが、「余計な口を挟むな」や、「無駄な／生意気な口を挟むな」のような形容(動)詞なら付加できる。しかしながら、ここで重要なのは、「手に入る」や「口を挟む」が、(35) の「頭にくる」や「歯が立たない」とは違って、名詞の修飾が許されることである。よって、「手に入る」や「口を挟む」のように先の2種類の修飾語のうち少なくとも一つを許す慣用句は、「頭にくる」や「歯が立たない」などの、2種類の修飾語のどちらも許さない慣用句よりもその意味的固定性の度合いが低い、ということになる。

「手を早く打った」と言えるが「耳に偶然した」とは言えない

「目を向ける」や「顔が利く」は「目をくるりと信夫に向けた」や「財界人なら田中先生は顔が非常に利くんですよ」のように、慣用句の動詞の直前に副詞(句)を付加する、つまり、慣用句中に副詞(句)を挿入することができる。これを「連用修飾語の挿入」と言う。「目をくるりと向けた」と言えば、主体が「目」をどのように「向け」たかといった様子を表し、「…顔が非常に利く」と言えば、主体の「顔」がどのぐらい「利く」かといった程度を表すことになる。このように、慣用句の中に副詞(句)を挿入することにより、慣用句中の動詞(動作)の様態や程度を描写することになる。

連用修飾語の挿入を問題なく許す慣用句には、先の「目を向ける」や「顔が利く」のほかに、次の (36)「手を打つ」や (37)「足を洗う」などがある。

(36) 手を早く打たないとだめになってしまう… (『ボッコ』271)
(37) この社会から足をきれいさっぱり洗いたいと始終思いますね。

このように慣用句の動詞の直前に連用修飾語を挿入できるということは、その修飾語が(句全体の意味ではなく)動詞の意味を限定していることを示す。先の用例を「くるりと目を向けた」「非常に顔が

利く」「早く手を打たないと ...」「きれいさっぱり足を洗いたい」のように言い換えられるが，そうすると，「くるりと」「早く」「きれいさっぱり」などの副詞(句)が各動詞の意味を限定しているか，句全体の意味を限定しているかを判断できない。しかし，「手を早く打たないと ...」「足をきれいさっぱり洗う」のようにこれらの副詞(句)を「打つ」「洗う」の直前に置くことができるということは，これらの動詞が独立した意味を表していることや，あるいは慣用句中でもその第一の意味の一部を残していることを示唆する。

　「足を洗う」を一例にすると，「洗う」という動詞は通常「(水などで)よごれを落す」といった意味を表し，この意味に〈分離〉といった意味的要素が含まれていると考えられる。また，こういった〈分離〉は「足を洗う」の慣用句としての意味，つまり「関係を絶つ」あるいは「賤しい勤めをやめて堅気になる」といった意味にも含まれている。このように「足を洗う」の「洗う」はその第一の意味の一部を残している，そしてその一部が慣用句全体の意味の一部となっていると思われるのである。

　副詞(句)の挿入を許す慣用句は数多くあり，先の「足を洗う」や「手を打つ」のほかにも，「足をわざと引っ張ろうとした」「耳をまともに貸さない」「顔をしょっちゅう合わせている間柄」「手を迂闊に出せない相手」「耳にもきれぎれに入ってきた」などがある。しかしこれと同時に，副詞(句)の挿入を許さない慣用句や，許しにくい慣用句がある。次の「お目に掛かる」「耳にする」「頭にくる」などがそうである。

(38)　？お目にしょっちゅう掛かっています
　　　×耳にちらっと（×偶然／×はじめて）した
　　　×頭に完全に（×まったく／？すぐ）きた
　　　×目をかなり（×びっくりしたように／？大きく）剥いた
　　　？歯がとても（？まったく）立たない

　(38)のように「お目に掛かる」や「耳にする」が副詞(句)の挿

入を許さないことは,「掛かる」や「する」などの動詞が慣用句の意味のどの部分を担っているのかが分かりにくいことを示唆する。ここで興味深いのは,これらの慣用句も句の直前であれば副詞(句)を問題なく付加できるということである。たとえば「しょっちゅうお目に掛かっています」「ちらっと耳にした」「完全に頭にきた」などは問題なく言える。句全体の意味を修飾できるものの,動詞の意味を修飾できないという事実から,これらの慣用句の意味がやはり一つのかたまりとして固定しているということが分かるのである。

「手を打て」と言えるが,「目を剥け」とは言えない

　「目を向ける」や「手を打つ」は「もっと重大な問題に目を向けよ」や「早めに手を打とう」のように,命令の表現や意志の表現で用いられることがある。「命令の表現」とは,「やれ」「やりなさい」「やって」などの肯定の命令形や,「やるな」「やらないで」などの否定の命令形(=禁止表現)のことである。「意志の表現」とは,「やろう(と思う／とする)」といった動詞形のことであり,これを用いればある行動をとるといった意図や決心をしているといった意味を表すことになる。「命令表現」と「意志表現」は両者とも動作を行う人の意図にかかわる表現である点で類似しているので,ここではこの二つを一緒に扱うことにする。

　命令表現と意志表現を許す慣用句には先の「目を向ける」と「手を打つ」のほかに,次の(39)の「口を挟む」や(40)の「足を洗う」がある。

(39) a.　君には関係のない話だから,横から口を挟まないでよ。
　　 b.　われわれ同窓会は,教授会に口を挟もうなどというようなおこがましい気持は毛頭もなく...」　　　　　(『白い』上435)
(40) a.　「...悪事を教えたのはこの俺だし,足を洗えといったのもこの俺だ。」　　　　　　　　　　　　　　　　(『どぶ』99)
　　 b.　「三十をまぢかにして,何とか足を洗おうとしはじめ

　　　　　た…」　　　　　　　　　　　　　　　（『どぶ』268）

「口を挟む」や「足を洗う」が命令・意志表現にできることは，これらの慣用句が表している動作，つまり「話に割り込む」ことや「悪い振る舞いをやめてまじめになる」ことが無意識に行われる動作ではなく，人が意図的に行う動作であることを意味する。「挟む」と「洗う」といった動詞も，それ自体が意図的な動作を表し，「手を洗いなさい」や「本にしおりを挟もう」のような命令・意志表現を作ることができる。意図的な動作を表す表現に〈意図性〉といった意味的要素があるとすれば，「口を挟む」や「足を洗う」のように命令・意志表現が可能な慣用句は，構成語の動詞の持つ〈意図性〉をその意味の中に残していると言える。なお「口を挟む」と「足を洗う」のほかに，「耳を傾ける」「耳を貸す」「耳に入れる」「顔を合わせる」「手を付ける」「長い目で見る」なども命令・意志表現を作ることが可能であり，これらも「傾ける」や「貸す」などの動詞の本来の意図性をそのまま慣用句中に残しているように思われる。

　ところが，慣用句の中には，命令・意志表現を作ることができる動詞を含んでいても，命令・意志表現を作りにくい，あるいは作れないものも数多くある。たとえば，「焼く」や「来る」は，「肉をよく焼いてよ」や「こっちに来ようとした」のように，それ自体は問題なく命令・意志表現になり，〈意図性〉を持つ動詞と言える。しかし「手を焼く」や「頭にくる」は次のように，命令・意志表現にすることができない。

(41)　×手を焼け／×手を焼くな／×手を焼こう
　　　×頭にこい／×頭にくるな／×頭にこよう

　この結果から，これらの慣用句は主体の意志とはかかわりのない状況・状態を表していることが分かる。事実，この二つが表している意味，すなわち「取り扱いに困る」や「かっとなる」といった意

味は，両者とも意図的に制御できない状況や出来事を表している。次の (42) の「耳にする」「舌を巻く」などに関しても，同様である。

(42) ×耳にしろ／×耳にするな／×耳にしよう
　　 ×小耳に挟め／×小耳に挟むな／×小耳に挟もう
　　 ×目を剥け／?目を剥くな／×目を剥こう
　　 ×舌を巻け／?舌を巻くな／×舌を巻こう

　以上のことから，「手を焼く」や「頭にくる」，また「耳にする」などの慣用句では動詞が本来持つ〈意図性〉が失われていると言える。また，(41)「手を焼く」や (42)「耳にする」などのように「命令・意志表現化」の操作を許さない慣用句は (39)「口を挟む」や (40)「足を洗う」のように許すものと比べると，構成語の意味の一部が失われているという点で意味的固定性の度合いが高いと言える。

　ところで，「命令・意志表現化」は上で述べてきた「名詞句への転換」や「連用修飾語の挿入」などにはない問題点がある。この操作の適用が有効でない自動詞慣用句があるためである。その例の一つは，「目が肥える」や「心が沈む」のような慣用句である。「肥える」「沈む」といった動詞は「土が肥えてきた」「車が川に沈んだ」のように，本来自然に起きる状態変化，言い換えれば非意図的な状態変化を表すものである。これらの動詞の持つ〈非意図性〉といった意味的要素が原因で，「目が肥える」や「心が沈む」は命令・意志表現を作れない。

　もう一つは，「顔が立つ」や「(うわさが) 耳に入る」のような慣用句である。「立つ」や「入る」は，「太郎が立とうとした」や「(太郎に対して) 教室に入りなさいよ！」のように，問題なく命令・意志表現にすることができる。しかし「×僕の顔が立とうとした」や「(うわさに対して) ×私の耳に入りなさい！」などの表現はおかしい。これは，命令・意志表現の動作主 (つまり行為を行う主体) は通常は「太郎」と同様に，意志を持つ有生物でなければなら

ないからである。「顔が立つ」や「うわさが耳に入る」の「顔」や「うわさ」は無生物名詞であるために、この操作が根本的に不可能である。「歯が立たない」や「手に入る」に関しても同様である。

「目が肥える」や「顔が立つ」などの自動詞慣用句については、その「命令・意志表現化」の可否を論じることは本来無意味なので、この操作の適用を省かなければならない。それに伴い、この操作は「名詞句への転換」「連体修飾語の付加」などその他の操作より、適用できる慣用句の数が少なくなり、意味的固定性を計る手段としての有効性も相対的に低くなる。しかし先に示したように、この操作によって「○足を洗え／○足を洗おう」や「×手を焼け／×手を焼こう」など、数多くの慣用句の意味的固定性の度合いを示せることから、この操作を慣用句の意味的固定性を計る二次的な手段とすることができる。

意味的固定性と慣用句の階層性

以上、「名詞句への転換」や「連体修飾語の付加」などの文法的な操作が、慣用句の意味的固定性を計る有効な手段であることを示した。これらの操作の可否を個別の慣用句について調べていけば、慣用句の個々の構成語の意味が解釈可能な意味を表しているかどうかや、個々の構成語の意味が句全体の意味の一部として含まれているかどうかを確認できるわけである。

また、受けられる操作の数をもとに、表1のように慣用句の意味的固定性の違いを明らかにできる。表1は筆者が別個に調査した36個の慣用句の一部を示したものである（石田（2000, 2004））。「手を打つ」や「顔を合わせる」など、この表の上のほうにある慣用句は多くの操作を受けられるのに対し、「頭にくる」や「歯が立たない」などの、下のほうの慣用句は受けられる操作がない。したがって「手を打つ」「顔を合わせる」は意味的固定性の度合いが相対的に低いのに対し、「頭にくる」「歯が立たない」はその度合いが高いということになる。

第4章 「手を打つ」の「手」は「手を焼く」の「手」と違う　　125

表1　動詞慣用句の意味的固定性の度合い

慣用句＼操作	名詞句への転換	命令表現化	意志表現化	連体修飾語の付加	連用修飾語の挿入
手を打つ	○	○	○	○	○
顔を合わせる	○	○	○	?	○
口を挟む	×	○	○	○	○
足を洗う	×	○	○	○	○
耳に入る	×	－	－	○	○
手を焼く	×	×	×	○	○
頭にくる	×	×	×	×	×
歯が立たない	×	－	－	×	×

（左に「意味的固定性の度合い」の軸：上が「低」、下が「高」）

　ところで，本章では慣用句に加えられる統語的操作を個別に扱ってきたが，表1の点線のように，これらは慣用句に対する制約の強さによって「階層関係」をなすと考えられる。表1の5種の操作は左から右にいくに従って次第に慣用句が受けやすいものとなっている。左のほうの「名詞句への転換」は5種の操作のうち最も慣用句に容認されにくく，「手を打つ」と「顔を合わせる」しかこの操作が許されない。一方では，右のほうの「連体修飾語の付加」と「連用修飾語の挿入」は比較的容認されやすく，「頭にくる」と「歯が立たない」以外のすべての慣用句はこれらの操作が許される。なお中ほどの「命令表現化」と「意志表現化」は，「名詞句への転換」よりは容認されやすいが，「連体修飾語の付加」「連用修飾語の挿入」よりは容認されにくい。

　表1の「○？×」の横の分布に注目すると，「名詞句への転換」が可能な慣用句は他のすべての操作も大抵受けられる。たとえば，「手を打つ」は「打つ手がない」のように名詞句に転換でき，また，「手を打て」「手を打とう」「思い切った手を打つ」「手を早く打たないと…」のように，他のすべての操作も問題なく適用できる。「命令表現」と「意志表現」を作ることができる慣用句は，「名詞句

への転換」が不可能であっても,「連体修飾語の付加」と「連用修飾語の挿入」は可能である。たとえば,「口を挟む」は「×挟んだ口」のような名詞句には転換できないが,「口を挟むな」「口を挟もう」のように命令表現や意志表現にしたり,「余計な口を挟む」「口を横から挟む」のように連体修飾語をつけたり連用修飾語を挿入したりできる。また,「頭にくる」や「歯が立たない」など,「連体修飾語の付加」と「連用修飾語の挿入」が不可能な慣用句は,他のすべての操作も不可能である。

以上をまとめると,「名詞句への転換」や「連体修飾語の付加」などの5種の操作の間に階層性が認められ,慣用句そのものの間にも階層性がある。なお,本章では慣用句に加えられる5種の統語的操作が意味的固定性の度合いを計る手段になることを示したが,筆者はこの5種を含めた10種の操作が慣用句の統語的固定性の度合いを計る手段になりうることを示した(石田(2000))。表2はその10種が慣用句に対する制約の強さによって6レベルの階層をなすことを示している。太字は本章で取り上げた操作を示している。

表2 動詞慣用句に対する統語的操作の階層関係[10]

	低 ①	**名詞句への転換**
慣用句に	②	受身表現化
各操作が	③	**命令表現化,意志表現化**
容認される	④	**連体修飾語の付加,連用修飾語の挿入**,敬語表現化
度合い	⑤	肯定・否定表現化
↓ 高	⑥	連用修飾語の付加,慣用句の修飾成分化

---

[10] 表2の階層(石田(2000))は本書の第3章で述べた飛鳥(1982)の階層と重なる部分はあるが,飛鳥氏は「取り立て」や「関係節化」(=名詞句への転換)などの5種の操作を五つのレベルに分けているのに対し,筆者は上の10種の操作を六つのレベルに分けている。詳細に関しては石田(2000)を参照されたい。

第4章 「手を打つ」の「手」は「手を焼く」の「手」と違う

　表2の階層を表1の点線に照らし合わせてみると，統語的固定性の度合いによる慣用句の階層分類と意味的固定性による慣用句の階層分類の間には，少なくとも部分的な対応があると言える。完全に対応するかどうかを確認するためには，②「受身表現化」や⑤「肯定・否定表現化」など，本章で扱わなかった統語的操作も考察し，これらが実際に意味的固定性の度合いを計る手段になるかどうかを検討する必要がある。これは今後の課題として残されている。

むすび──「慣用句らしい慣用句」とは──

　本章では，英語と日本語の慣用句の意味について考察し，慣用句の中には句全体の意味が一つのかたまりとして固定しているものもあれば，個々の構成語が句全体の意味の一部を担っているものもあることを示した。「意味的固定性」は慣用句の本質的な特性の一つであると考えると，「頭にくる」や「歯が立たない」などの，意味的固定性の度合いの高い慣用句は，最も慣用句らしい慣用句（すなわち典型的な慣用句）であることになる。一方，「手を打つ」や「顔を合わせる」などの，意味的固定性の度合いの低い慣用句は，慣用句としての性格が薄く，最も一般連語句に近いことになる。

　しかし，慣用句の特性には本章で述べた「意味的固定性」のほかに，「形式的固定性」（第2章）と「統語的固定性」（第3章）もある。個々の慣用句についてこれら三つの特性の度合いを計り，その結果を合わせてみれば，より正確に「慣用句らしさの度合い」を明らかにできる。またさらに，さまざまな慣用句を「典型的なもの」から「周辺的なもの」へと分類することが可能になる。形式的固定性，統語的固定性，および意味的固定性の度合いが高い慣用句は最も慣用句らしい「典型的な」慣用句であり，一方，これらの特性の度合いが低い慣用句は，最も慣用句らしくない一般連語句に近い慣用句ということである。

　本章で対象とした慣用句の中から数例を取り上げ，その「慣用句

らしさ」の度合いを比較してみる。**「歯が立たない」**は表1のように，意味的固定性の度合いが高い。意味的固定性の度合いを計るために慣用句の統語的操作を用いるということなので，意味的固定性の度合いと統語的固定性の度合いは対応関係にあり，前者の度合いが高い慣用句は後者の度合いも高いと予測される。ここで表2に挙げた統語的な操作を「歯が立たない」に適用してみると，「○とても歯が立たない」や「○歯が立たないやつ」のように，句の前に連用修飾語をつけたり，句の後に名詞を置いて句全体を修飾成分にしたりできる。つまり，最も慣用句に容認されやすい「レベル⑥」の操作は適用可能である。

しかし，「×立たない歯」「×丈夫な歯が立たない」「×歯が立つ」のように，この慣用句は名詞句にしたり，連体修飾語をつけたり，否定表現にしたりできない。その他の操作の適用も難しい，あるいは不可能である。よって，「歯が立たない」は，やはり統語的固定性の度合いが高いことになる。[11] また，「×奥歯が立たない」や「×歯立ち」のような変異形は存在しないので，形式的固定性の度合いも高い。このように，「歯が立たない」は本書で問題にしている三つの特性の度合いが高いので，慣用句らしい典型的な慣用句と言える。「頭にくる」「目を剥く」「耳を澄ます」「手も足も出ない」「手が付けられない」なども同様である。

一方，**「顔を合わせる」**は，表1のように，意味的固定性の度合いが相対的に低い。「○合わせる顔（がない）」，「○顔をしょっちゅう合わせている間柄」，「○親同士が顔を合わせないまま」のように，名詞句に転換したり，連用修飾語を挿入したり，否定表現にしたりできる。また，表2に示した他の統語的な操作も大抵適用可能なので，統語的固定性の度合いも低いことになる。さらにまた，「○顔合わせ（をする）」や「○顔を合わす」といった変異形がある

---

[11] 本節で取り上げている慣用句の分析の詳細に関しては石田（1998，2000，2004）を参照。

ので，先の「歯が立たない」と比べれば形式的固定性の度合いも低い。よって，「顔を合わせる」はあまり慣用句らしくない表現であり，言い換えれば「周辺的な慣用句」であることになる。「手を打つ」「目を伏せる」「目を向ける」「手を回す」「目を注ぐ」などもそうである。

　先の「歯が立たない」と「顔を合わせる」の間に，他のさまざまな慣用句が慣用句らしさの度合いの相対的に高いものから低いものへと段階的な分布をなしている。「**足を洗う**」を例にすると，表1のように意味的固定性の度合いが相対的に低い。また，「〇足を洗え」「〇この社会から足をすっかり洗いたい」「〇この業界から足を洗わないと…」のように，命令表現にしたり，連用修飾語を挿入したり，否定表現にしたりできるので，統語的固定性の度合いも低い。しかし「??洗った足」のような名詞句への転換は不可能であり，また「×足を濯ぐ」や「×足洗い」のような変異形は存在しない。よって「足を洗う」は先の「歯が立たない」よりは慣用句らしさの度合いが低いが，「顔を合わせる」よりはその度合いが高い。

　ところで，慣用句らしさについて「段階的な分布」を厳密に定めるのが難しい場合がある。たとえば，「**足を洗う**」は表1のように「**耳に入る**」に比べて意味的固定性が低く，統語的固定性の度合いについても同じである（「耳に入る」の用例は省略）。しかし「耳に入る」は「耳に入れる」といった変異形があるのに対して（p.50参照）「足を洗う」は変異形がないので，形式的固定性に関しては「耳に入る」のほうがその度合いが低い。したがって，「足を洗う」と「耳に入る」についてどちらがより「慣用句らしい」のかが判断しにくいということになる。

　「慣用句らしさ」の段階を厳密に定めるのが難しい場合があるとしても，これまでの章で示したように，「形式的固定性」「統語的固定性」「意味的固定性」といった三つの特性の度合いは，慣用句の相対的な「慣用句らしさの度合い」を明らかにするための有力な指標であり，この三つの度合いを合わせることによりさまざまな慣用

句を典型的なものから周辺的なものへと分類できる。なお，第2章から第4章までの考察から英語の慣用句についても同じような分析と分類ができると考えられるが，詳細は紙幅の関係で割愛する。

第 5 章

日本語の慣用句と世界の言語の慣用句
―慣用句の比較対照の方法（1）―

1 慣用句は直訳できない

　外国語を学ぶとき，慣用句はやっかいである。たとえば，英語を勉強している日本人が John and Bill shot the breeze. という表現を初めて聞けば,「ジョンとビルはそよ風を撃った」と直訳するだろう。しかし，shoot the breeze は句全体で「おしゃべりする，雑談する」といった意味を表すので，John and Bill shot the breeze. は正しくは「ジョンとビルはおしゃべりした」と訳さなければならない。「そよ風を撃った」といった直訳はまったく意味をなさない。同様に，「頭にきた！」という気持ちを英語で表現したいときは，It came to my head! などの直訳を作っても通じない。「頭にくる」と同じような「かっとなる」を表す英語の表現を選ぶ必要がある。

　このように，慣用句は文字通りの解釈ができない場合が多く，やや特殊な表現である。また，言語によって違うので，外国語学習者にとって分かりにくく，正しい使い方もなかなか身につけにくい。翻訳や通訳，また二ヶ国語辞典の編纂においても問題になりやすい。

　しかし，日本語や英語などの異なった言語において類似的な慣用句が存在する場合もある。たとえば，「はらわたが煮えくり返る」という日本語の慣用句は「激しい怒りをこらえることができない」ことを表し（『日本国語大辞典』），one's blood boils という英語の慣用句は「激怒する，憤激する」ことを表している（『ランダムハウス英和大辞典』や『ジーニアス英和大辞典』）。両者とも「怒る」ことを表している点で類似する。また，一般に使われている英和慣用句辞典を調べてみると，one's blood boils は「はらわたが煮えくり返る」と定義されており，用例として（1）に示した例文と日本語訳が挙げられている。

(1) He got the money, and I got a prison sentence.　My blood

boils every time I think of it.
(やつは金を手に入れ，おれは実刑をくらった。このことを考えるたびに，はらわたが煮えくり返る)

(『英和イディオム完全対訳辞典』，朝日出版社，2003 年)

　(1) のように「はらわたが煮えくり返る」と one's blood boils は同じ文脈で使うことができるので，やはり，ほぼ同じ意味を表していると思われる。

　先の shoot the breeze に戻ると，この表現は英和辞典において「おしゃべりする，だべる，油を売る」(『ランダムハウス英和大辞典』)や「だべる，無駄話をする，油を売る」(『英和イディオム完全対訳辞典』) と定義されることがある。「油を売る」という日本語の慣用句が挙げられているのは興味深い。『英和イディオム完全対訳辞典』には，(2) に示した例文と日本語訳がある。

(2) The secretary is out shooting the breeze with the driver again.
(秘書ときたら，外でまた運転手相手に油を売ってるよ)

やはり，shoot the breeze と「油を売る」は意味の面で互いに類似していると考えられる。

　ところが，「はらわたが煮えくり返る」や one's blood boils などの日・英慣用句が互いに「類似している」，あるいは「対応している」かどうかをどのように判断すべきかは，実際，かなり大きな問題である。先に示したように，one's blood boils と「はらわたが煮えくり返る」や，shoot the breeze と「油を売る」は意味と用法の面においてある程度類似していると思われる。しかし，どこまで対応しているのか，つまり，完全に対応しているのか，または部分的にしか重なっていないのかを明らかにするために，個々の慣用句の意味と用法を詳しく検討することが求められる。

　また，先の慣用句に含まれている個々の語を比較すると，one's

blood boils の boils（煮えたぎる）と「はらわたが煮えくり返る」の「煮えくり返る」は類似するが，blood（血）と「はらわた」は，広い意味での身体部位を表している点で共通するものの，意味上のずれがある。また，shoot the breeze の shoot（撃つ）と breeze（そよ風）はそれぞれ「油を売る」の「売る」と「油」とはまったく違う。日本語とその他の言語の慣用句を比較している研究の中には，「はらわた」や blood などの個々の構成語の通常の意味と「比喩的な意味」を対象としているものもあれば，個々の構成語の意味を考慮せずに「怒る」や「おしゃべりする」などの句としての意味と用法を中心としているものもある。つまり，慣用句の比較対照の仕方と慣用句間の「対応関係」のとらえ方に関しては，複数の見方がある。

　本章と次章では，日本語とドイツ語や英語などの慣用句に関する従来の研究を踏まえながら，慣用句の比較対照のやり方について述べていく。まず，日本語とドイツ語の慣用句，また，日本語と韓国語の慣用句を取り上げ，個々の慣用句の構成語や統語構造や意味を比較した結果，日・独の慣用句と日・韓の慣用句のそれぞれの対応関係が複数のタイプに分けられることを示す。その後，日本語とドイツ語の慣用句における「血」と Blut（血）や，「手」と Hand（手）といった語の比喩的な意味を比較し，日・独慣用句間の共通点と相違点を述べる（以下では，外国語の単語の意味を（　）で示す。また，外国語の慣用句の文字どおりの意味（直訳）を（　）で示し，慣用句としての意味を「　」で示す）。つづいて，nakryt'sja mednym tazom（～に銅のたらいが覆いかぶさる）「失敗する，しくじる，失う，故障する」というロシア語の慣用句とこれに類似するドイツ語の慣用句を比較し，ロシア語の慣用句がどのような名詞を主語として取るかにより，ドイツ語の対応する表現が変わることを示す。

　第 6 章では，「はらわたが煮えくり返る」や one's blood boils（血が煮えたぎる）「憤激する」などの日本語と英語の〈怒り〉の慣用句を対象とし，日・英慣用句の「意味特徴」（詳細は後述）や対応関係

を明らかにする。

2 ドイツ語では仲が悪いのは「犬」と「猫」
　──日・独慣用句の対応関係──

　日本語とその他の言語の慣用句を比較対照する方法としては，いくつかのやり方がある。たとえば，言語学者の伊藤氏は日本語とドイツ語の慣用句を対象とし，さまざまな慣用句の構成語，文法的な構造，および句全体としての意味という三つの観点からの比較を行っている（伊藤（1992））。まず「構成語」の比較だが，日・独それぞれの言語の慣用句にどのような語彙が含まれているかということを見ていく。以下の (3a) と (3b) のように，日・独両言語には「目」「手」「口」などの身体語彙を含む慣用句が数多くある。

(3) a.　目が高い，〜の手に落ちる，口が滑る
　　b.　ganz Auge sein（すっかり目になる）
　　　　「熱心に見る」
　　　　jemandem in die Hände fallen（〜の手に落ちる）
　　　　「人の支配下ないしは所有物に陥る」
　　　　einen großen Mund haben（大きな口を持つ）
　　　　「大ぼら吹きである」

　また，(4) のように「犬」や「猫」などの動物名詞を含む慣用句もたくさんある。

(4) a.　犬猿の仲（である），猫も杓子も，馬が合う
　　b.　vor die Hunde gehen（犬たちの前に行く）
　　　　「落ちぶれる，衰退する，悪くなる」
　　　　die Katze im Sack kaufen（袋の中の猫を買う）
　　　　「よく調べずに買う，だまされて安物を買う」

　個々の日・独慣用句を突き合わせてみると，構成語の面で類似し

ているものがある。たとえば，(3b) の jemandem in die Hände fallen は jemandem（〜にとって）という不定名詞と，Hände（手［複数形］）という名詞と，fallen（落ちる）という動詞から構成されており，(3a) の「〜の手に落ちる」という日本語の慣用句にほぼ完全に対応している。

　慣用句の文法的な構造（「統語構造」）とは，慣用句に含まれている個々の語の品詞および，句全体の文法的な働き，つまり，句全体が動詞や形容詞，または名詞などと同様の機能を持つことである。たとえば，「腹が立つ」は「腹」という名詞と「立つ」という動詞から構成されており，「名詞＋動詞」の統語構造がある。また，「僕はすごく腹が立った」のように，この句を「すごく」などの副詞で修飾することが可能である。よって「腹が立つ」は句全体で動詞として機能しており，「動詞慣用句」と呼ばれる。同様に，「口が軽い」などの，「名詞＋形容詞」の構造を持つ慣用句は「形容詞慣用句」と呼ばれ，「後の祭り」などの，「名詞＋名詞」の構造を持つ慣用句は「名詞慣用句」と呼ばれている。

　ドイツ語にも，「動詞慣用句」や「形容詞慣用句」，また「名詞慣用句」が存在する。たとえば，(4b) の die Katze im Sack kaufen（袋の中の猫を買う）「よく調べずに買う」は「名詞＋動詞」の基本構造からなっており（つまり die Katze「猫」＋ kaufen「買う」），動詞句としての機能を持つ。(3b) と (4b) に示したその他の慣用句もすべて動詞慣用句である。伊藤氏によれば，ドイツ語の慣用句の中には動詞句の構造を持つものが非常に多い。[1] また，gang und gäbe（行き渡った）「普通の，ありふれた」のような形容詞慣用句や，das A und O（アルファとオメガ）「最重要部，核心」のような名詞慣用句もある。

　個々の日・独慣用句を統語構造の観点から比較すると，先の

---

[1] 日本語の慣用句に関しても，「動詞慣用句」といった構造を持つものが多数派を占めていることが指摘されている。詳細に関しては，宮地氏の研究を参照されたい（宮地 (1982b, 1999)）。

(3b) における jemandem in die Hände fallen は「名詞＋動詞」の基本構造からなっており（つまり「Hände「手」＋ fallen「落ちる」），動詞句としての機能がある。(3a) における「〜の手に落ちる」も同様に，「名詞＋動詞」といった基本構造を持つ動詞慣用句である。よってこの二つは統語構造の面においても対応している。なお，「〜の手に落ちる」を実際に用いる時，「敵の手に落ちる」や「反乱軍の手に落ちる」のように，「〜（の）」の位置を具体的な名詞で埋めることになる。jemandem in die Hände fallen の jemandem（〜にとって）に関しても同様である。

　日・独慣用句の「意味」の面に関しては，両言語ともに感情や心理的な状況を表す表現が多い。たとえば，日本語において「頭にくる」や「腹が立つ」などの〈怒り〉の表現，「目を丸くする」や「青天の霹靂」などの〈驚き〉の表現，また，「目くじらを立てる」などの〈批判〉を表す表現がある。ドイツ語においても，an die Decke gehen（天井に行く）「かっとなる，頭にくる」や Gift und Galle spucken（毒と肝汁を吐く）「激怒する，増悪に燃える」などの〈怒り〉の表現や，wie ein Blitz aus heiterem Himmel（明るい空からの稲妻のように）「まったく予測しなかった（こと）」や Bauklötze staunen（積み木に驚く）「非常に驚く」などの〈驚き〉の表現や，jemandem aufs Dach steigen（〜の屋根の上にのぼる）「〜を非難する，やっつける」などの〈批判〉を表す表現がある。

　また，日・独慣用句の中には互いに似通った意味を示しているものがある。たとえば，先の「青天の霹靂」と wie ein Blitz aus heiterem Himmel（明るい空からの稲妻のように）は両者とも「突然に起こる異変，まったく予測しなかったこと」を表し，「〜の手に落ちる」と jemandem in die Hände fallen（〜の手に落ちる）は両者とも「〜の所有物になる，〜の支配下に入る」ことを表す。よって，これらの日・独慣用句は意味上の対応関係にあると思われる。

　以上，日・独慣用句の対応関係は「構成語」「統語構造」「意味」という三つの観点からとらえられることを述べた。伊藤氏は，この

三つの観点からさまざまな慣用句を比較した結果，日・独慣用句の対応関係が四つのタイプに分けられると言う。

まず，先の「～の手に落ちる」と jemandem in die Hände fallen（～の手に落ちる）のように，「構成語」「統語構造」「意味」といったすべての面において対応している慣用句がある。「青天の霹靂」と wie ein Blitz aus heiterem Himmel（明るい空からの稲妻のように）「突然に起こる異変」も同様である。この二つは先に示したように，ほぼ同じ意味を表している。また，「青天」と heiterem Himmel（明るい空）や，「霹靂」と Blitz（稲妻）という個々の語が似通っており，構成語間の対応も認められる。統語構造に関しては，wie ein Blitz aus heiterem Himmel は wie（～のように）という要素が含まれているため直喩の構造を持ち，この点で「青天の霹靂」とは少し違う。しかし，日・独両言語の表現は「名詞＋名詞」といった基本的な構造を持つので，統語構造においても対応している。

先に述べたように，「構成語」「統語構造」，および「意味」という三つの面で対応する日・独慣用句を「完全に対応する慣用句」と言う。次の日・独慣用句のペアもこの三つの面で類似しており，「完全に対応する」ものとみなされる。

(5) 目には目を，歯には歯を
　　Auge um Auge, Zahn um Zahn（目には目を，歯には歯を）
　　「害を受けたら，それに相応する報復をするということ」
(6) 猫の首に鈴をつける
　　der Katze die Schelle umhängen（猫の首に鈴を掛ける）
　　「一見すると名案でありながら，実行するのが極めて難しいことのたとえ」

伊藤氏によれば，「完全な対応」を示している日・独慣用句が多い。ところが，完全な対応の原因として，両言語の慣用句が同じ原典に由来している場合が少なくない。たとえば，(5)の「目には

目を，歯には歯を」と Auge um Auge, Zahn um Zahn は両者ともバビロニアの『ハムラビ法典』と旧約聖書の「出エジプト記」にさかのぼる。また，(6) の「猫の首に鈴をつける」と der Katze die Schelle umhängen はイソップやラ・フォンテーヌの動物寓話に由来している。もとの話では，ねずみたちが猫が近づくことが分かるように猫の首に鈴をつけることにしたが，怖くて誰も実行に移すことができなかった。このことから，「猫の首に鈴をつける」は「会長に引退してもらいたいのだが，誰が猫の首に鈴をつけるかが問題だ」のように，いざ実行となると引き受ける人がなく，非常に難しいことを表すようになったと言われている（『明鏡ことわざ成句使い方辞典』）。

　なお，日本語やドイツ語などの二つ(以上)の言語における慣用句の完全な対応の原因として，片方の言語の文学作品に含まれている慣用句が直訳され，その構成語や意味が変化することなくもう一方の言語に導入される場合（いわゆる「借用」）や，それぞれの言語に結びついている文化の間に，共通の習慣や発想が存在する場合もある。「～の手に落ちる」と jemandem in die Hände fallen（「～の所有物になる，～の支配下に入る」）や，「青天の霹靂」と wie ein Blitz aus heiterem Himmel（「突然に起こる異変」）は後者の場合に当たるかもしれない。[2]

　日・独慣用句の中には，先の「完全に対応する慣用句」のほかに，「部分的に対応する慣用句」もある。伊藤氏によれば，「構成語」「統語構造」「意味」のうち，少なくとも二つの面で対応する慣用句は「部分的な」対応があるという。たとえば「犬猿の仲」と wie Hund und Katze（犬と猫のように）は両者とも「非常に仲が悪い」ことを表している点で意味上の対応が認められる。また，両者

---

　[2] (5) と (6) に示した日・独慣用句はそれぞれ an eye for an eye, a tooth for a tooth と bell the cat という英語の慣用句にも対応する。また，「～の手に落ちる」や「青天の霹靂」の対応表現として，fall into someone's hands と a bolt out of the blue がある。

とも「名詞＋名詞」という基本構造を持つ名詞慣用句であるので，統語構造の面でも対応している。[3] しかし，構成語の面では完全な対応はない。日本語のほうには，仲の悪いもののたとえとして「犬」と「猿」が使われているのに対し，ドイツ語のほうにはHund（犬）と Katze（猫）が使われている。よって，この二つの表現は「部分的な」対応でしかない。

「目を丸くする」と große Augen machen（大きな目をする）という日・独の慣用句も，先の二つと同様に，意味および統語構造上の対応が認められる。意味に関しては，両者とも「驚いて目を大きく見開く，びっくりして見る」ことを表している。統語構造に関しては，両者とも動作を示している動詞慣用句である。ところが，個々の構成語を比較すると，この二つにはずれがある。「目」の形を表す語として日本語では「丸く」という副詞形が使われており，一方，ドイツ語では große（大きい）という形容詞が使われているのである。

「部分的に」対応する日・独慣用句として，構成語と統語構造という二つの面で対応しているものもある。たとえば，「盆と正月が一緒に来たよう」という日本語の慣用句と，wenn Ostern und Pfingsten auf einen Tag fallen（（たとえ）イースターと聖霊降臨祭が同じ日にあたる（ようなことがあっても））というドイツ語の慣用句の構成語には，似通ったところがある。「盆と正月」と Ostern und Pfingsten（イースターと聖霊降臨祭）はそれぞれ日本文化とドイツ文化（あるいは西欧文化）に特有の祝祭日で，まったく同じというわけではないが，両者とも「特定の祝祭日」を表している点で類似している。よって，「対応関係」をやや広くとらえるとすれば，「盆と正月」と Ostern und Pfingsten は対応していると認められる。また，両言語の慣用句は動詞を含んでおり，統語構造の面でも互いに似て

---

[3] なお，この二つは「犬猿の仲である」や wie Hund und Katze leben（犬と猫のように生きている）のように，動詞の成分と一緒に用いられることが多い。

いる。

　しかし，意味と用法を比較すると，明らかなずれがある。「盆と正月が一緒に来たよう」は「嬉しいことや楽しいことが重なること」や「非常に忙しいこと」を表すのに対し，wenn Ostern und Pfingsten auf einen Tag fallen は「たとえどんなことがあろうと，決して～しない」，つまり現実にはありえないことを表す。よってこの二つは意味上の対応が欠けており，部分的な対応でしかない。なお，ドイツ語の wenn Ostern und Pfingsten auf einen Tag fallen は意味と用法の面では when pigs fly という英語の表現に似通っていると思われる。when pigs fly も((たとえ)豚が空を飛ぶ(ようなことがあっても))，「そんなことはありえないよ」という意味を持っているからである。

　最後に，「面の皮が厚い」と ein dickes Fell haben (厚い皮がある)「無神経である，鈍感」のように構成語と意味の面で対応している日・独慣用句を見てみよう。ein dickes Fell haben には Fell ((動物の) 皮，(人の) 皮膚) と dickes (厚い) という語が含まれており，これらは「面の皮が厚い」の「皮」と「厚い」に対応している。また，「面の皮が厚い」と ein dickes Fell haben は両者とも「無神経である」ことを表しており，意味の面でも対応している。しかし，この二つは統語構造の面では異なっている。というのは，ein dickes Fell haben は「ein dickes Fell (厚い皮) + haben (持つ，ある)」のように「名詞句＋動詞」という構造を持つのに対し，「面の皮が厚い」は「面の皮＋厚い」のように「名詞句＋形容詞」の構造を持っている。つまり，ドイツ語のほうは動詞慣用句であるのに対し，日本語のほうは形容詞慣用句である。統語構造上の対応が欠けていることから，これらの慣用句も部分的な対応でしかない。

　以上，日・独慣用句の対応関係が「完全な対応」と「部分的な対応」に分けられ，「部分的な対応」がさらに三つのタイプに分けられることを述べた。それぞれの対応のタイプを表にまとめると，表

表1 日本語とドイツ語の慣用句の対応関係

	完全な対応	部分的な対応		
	タイプ①	タイプ②	タイプ③	タイプ④
構成語	＋	－	＋	＋
統語構造	＋	＋	＋	－
意味	＋	＋	－	＋
例	猫の首に鈴をつける／der Katze die Schelle umhängen	犬猿の仲／wie Hund und Katze	盆と正月が一緒に来たよう／wenn Ostern und Pfingsten auf einen Tag fallen	面の皮が厚い／ein dickes Fell haben

(伊藤 (1992:163) の表を一部加筆)

1のようになる。[4] なお，伊藤氏によれば，部分的に対応する慣用句の中には「犬猿の仲」と wie Hund und Katze（犬と猫のように）「仲が悪い」や「目を丸くする」と große Augen machen（大きな目をする）「びっくりして見る」のように構成語の対応が欠けている慣用句，要するにタイプ②の慣用句が最も多い。この傾向は，日本語とドイツ語といったそれぞれの言語に結びついている文化・社会的な特性が，個々の慣用句に用いられる語彙のレベルに特に明確に現れ

---

[4] 日本語とドイツ語の慣用句の対応関係について，植田康成氏は「身体部位」「色彩」「動物」などを表す名詞に焦点を当て，日・独慣用句には構成語と意味間に複数の対応パターンがあることを指摘している（植田 (1994, 2003)）。たとえば，「目をつぶる」と ein Auge zudrücken（片目をつぶる）「大目に見る」のように，両言語の慣用句が構成語および意味の面でほぼ対応する場合がある。また，「青二才」「嘴が黄色い」と grün hinter den Ohren sein（耳の後ろが緑色である）「幼い，未熟である」のように，日・独間に意味的な対応があるものの構成語間にずれがある場合や，auf den Hund kommen（犬（の上）に行き当たる）「落ちぶれる」と「左前になる」のように，意味的な対応があるものの個々の構成語がまったく違う場合もある。

るためと考えられる（伊藤（1992:167））。

3　韓国語でも「目の中に入れても痛くない」と言える
　　—日・韓慣用句の対応関係—

　日本語と韓国語の慣用句を比較している研究で，前節で見た日本語とドイツ語の慣用句の比較対照と似通ったアプローチ，つまり慣用句間の対応関係を分類するといったアプローチを用いている研究がある。たとえば，賈惠京氏と吉田則夫氏は「目を光らす」「目が合う」「目が高い」などの，「目」という身体語彙を含む日本語と韓国語の慣用句を「意味」と「表現」の二つの観点から比較し，両言語の慣用句の対応関係を複数のタイプに分けている（賈・吉田(2006)）。ここで言う「表現」とは，日本語と韓国語の慣用句に含まれている個々の語を示し，先の「構成語」に相当する。

　たとえば，日本語には「目を光らす」という表現がある。韓国語の눈을 번득이다（目を光らす）は，「目」「を」「光らす」に当たる語から構成されており，日本語の「目を光らす」と同様に「厳しく監視する」という意味を表す。よってこれらの日・韓慣用句は構成語および意味の二つの面で互いに対応している。「目の中に入れても痛くない」と 눈속에 넣어도 아프지 않다（目の中に入れても痛くない）や，「目には目を，歯には歯を」と 눈에는 눈, 이에는 이（目には目を，歯には歯を）という表現に関しても同様である。これらの日・韓表現のペアはそれぞれ「かわいくてたまらない」ことと「害を受けたら，それに相応する報復をする」ことを表している。[5] このような日・韓対応関係は**同じ意味で同じ表現**と呼ばれている。なお，日本語と韓国語の「目」の慣用句の対応関係のうち，この「同

---

　[5] 韓国語の「目には目を，歯には歯を」は，日本語の「目には目を，歯には歯を」，またドイツ語の Auge um Auge, Zahn um Zahn や英語の an eye for an eye, a tooth for a tooth と同様に，ハムラビ法典や聖書に由来していると考えられる。

じ意味で同じ表現」が最も高い割合を占めている（47%）。

部分的に対応している日・韓慣用句もある。たとえば、「二目と見られない」という日本語の慣用句は「みにくくて、二度と見る気にならない」ことを表す。意味の面に関しては、눈뜨고 볼 수 없다（目を開けては見られない）という韓国語の慣用句とほぼ同じである。また、この二つは「表現」の面では完全に対応していないものの、「目」という語を含んでいる点で類似している。よって、この類は「**同じ意味で類似の表現**」と呼ばれている。

「**同じ意味で違う表現**」の場合もある。たとえば、눈 빠질 노릇（目が抜けそうなこと）という韓国語の慣用句は「今か今かと期待して待ちこがれる」ことを表す。日本語の「目」の慣用句ではこれに対応するものはない。しかし、「首を長くする」という日本語の慣用句が「今か今かと期待して待ちこがれる」ことを表しており、意味の面では先の韓国語の慣用句に対応する。よって、韓国語の눈 빠질 노릇（目が抜けそうなこと）と日本語の「首を長くする」の間には「同じ意味で違う表現」という部分的な対応がある。なお、「同じ意味で類似の表現」と「同じ意味で違う表現」はそれぞれ日・韓の「目」の慣用句の対応関係の中で13%と6%を占めている。

構成語の面で対応するものの、意味の面では対応しない、といった日・韓慣用句もある。たとえば、両言語において「目が合う」と「目を回す」という表現が存在する。しかし、日本語の「目が合う」は「互いに視線が合う」ことを示すのに対し、韓国語の눈이 맞다（目が合う）は、「男女二人の心が通じ合う」ことを意味する。また、「目を回す」という日本語の表現は「忙しい思いをする」ことを表すが、その一方で、눈을 돌리다（目を回す）という韓国語の表現は「あるものから目を離して、他のものに関心を向ける」ことを意味する。このタイプの対応関係は「**違う意味で同じ表現**」と呼ばれている。日・韓の「目」の慣用句の対応関係の中で最も少ないものである（2%）。

なお、日本語または韓国語のみに存在する「目」の慣用句があ

る。たとえば，日本語には「目が肥える」という慣用句があり，これは「よいものを見慣れて，本物の価値が見分けられるようになる」ことを表す。韓国語には，表現や意味の面でこれに対応する慣用句はない。一方，韓国語の 눈에 흙이 들어가다（目に土が入る）という表現は「死ぬ」ことを表すが，日本語にはこれに対応する慣用句はない。「目が肥える」や 눈에 흙이 들어가다（目に土が入る）のように，相手の言語に対応する慣用句が存在しない場合は，「**それぞれ独自な表現**」と呼ばれている。なお，この種の慣用句は先に述べた「同じ意味で同じ表現」（つまり，完全に対応する日・韓慣用句）に続いて二番目に多い割合を占めている（32％）。

以上述べたように，賈氏と吉田氏は「目」の日・韓慣用句を「同じ意味で同じ表現」「同じ意味で類似の表現」「同じ意味で違う表現」「違う意味で同じ表現」「それぞれ独自な表現」といった五つのタイプに分けている。この分類は，「目」の慣用句に焦点を絞っている点や，個々の慣用句の「統語構造」を扱っていない点で，前節で述べた日本語とドイツ語の慣用句の分類とは少し違う。しかし，「意味」と「構成語（＝表現）」といった複数の観点から複数の言語の慣用句を比較する，という基本的なアプローチは同じである。

このアプローチは，日本語と世界の言語の慣用句間の対応のあり方を明らかにするために役に立つ。慣用句間の「部分的な」対応関係を明らかにする視点は特に重要と思われる。なぜならば，日本語を学んでいる外国人学習者にとって，母語と日本語の慣用句間の語彙・意味的なずれに関する知識は言語を学ぶうえで不可欠だからである。それを知らないと意図が間違って伝わったり，相手の言うことを正しく理解できないことになる。外国語を学んでいる日本人に関しても同様である。

ところが，このアプローチでは，辞書や主観的な判断を頼りにすることもあり，日本語とその他の言語の慣用句の意味的な対応を必ずしも明らかにしているとは限らない。たとえば，先に述べたように，日本語の「面の皮が厚い」とドイツ語の ein dickes Fell haben

(厚い皮がある)「無神経である」は意味の面で対応するとされている。しかし，ein dickes Fell haben は「非難や批判に強い」あるいは「(心が)容易に傷つかない」という意味を表す場合があり，この場合は「プラス評価」を伴っている。この点では，「厚かましい，ずうずうしい」といった「マイナス評価」を表している「面の皮が厚い」とは異なる。

したがって，「面の皮が厚い」や ein dickes Fell haben などの複数の言語の慣用句が意味の面で「完全に対応する」のか，または「部分的に対応する」のかを明らかにするために，個々の慣用句の用例と用法をよく観察し比較することが必要であると思われる。この点に関しては，第6章で詳しく述べることとする。

4　日本語とドイツ語の慣用句の比喩的な意味

日本語の慣用句に含まれている「手」「目」「血」などの個々の語を見ると，これらが何らかの「比喩的な意味」を担っていると考えられる場合がある。たとえば，(7) と (8) のように，「手を打つ」の「手」と「目が高い」の「目」は，それぞれ身体語彙の「手」と「目」を意味するのではない。

(7)　問題が大きくならないうちに手を打っておこう。
(8)　骨董品に関してなかなか目が高い。

(7) の「手を打つ」は「必要な手段をとる」ことを示し，この慣用句の「手」は，「手を尽くす」「手がある」「手がない」「手を使う」の「手」と同様に【手段・方法】の意味を表すと思われる（第4章を参照）。また，(8) の「目が高い」は「鑑識力がすぐれている」ことを表し，この表現における「目」は「目が肥える」「目が利く」「〜を見る目がある」の「目」と同様に，もののよしあしを見分ける力，つまり【鑑識力】を表すと思われる（第1章を参照）。このように，慣用句の構成語の「比喩的な意味」(あるいは「比喩性」)とは，

その語が慣用句の中で担っていると考えられる意味のことである。

　日本語と世界の言語の慣用句を比較するやり方として，両言語の慣用句に用いられている特定の語，たとえば日本語の「手」とドイツ語の Hand（手）などの名詞を対象とし，それぞれの名詞が各言語の慣用句においてどのような比喩的な意味を示すかを明らかにする，という方法がある。この方法は「中核的構成語の分析（kernel constituent analysis）」と呼ばれている。それぞれの言語の慣用句における名詞のさまざまな比喩的な意味を明らかにしてから，両言語の慣用句における比喩性の共通点と相違点を比較するのである。

　日本語の慣用句の中には，先の「手を打つ」や「目が高い」のように身体部位を表す語を含んでいるものが多く，これらの身体語彙が比喩的な意味を担っている場合も多い。英語やドイツ語や韓国語などの，世界の言語における慣用句に関しても同様である。本節では，日本語とドイツ語の慣用句における「血」と Blut（血），および「手」と Hand（手）という身体語彙を取り上げ，これらの名詞の比喩的な意味を比較することにする。[6]

日・独慣用句の「血」と **Blut**（血）

　言語学者の伊藤眞氏は，「血が騒ぐ」「血を引く」「血の雨を降らす」などの，名詞「血」を含む日本語の慣用句と，jemandem kocht das Blut in den Adern（血が血管の中で煮えたぎる）「激昂している」や die Bande des Blutes（血のきずな）「血縁」などの，名詞 Blut（血）を含むドイツ語の慣用句を比較し，「血」と Blut（血）は両言語の

---

　[6]「血」や「手」などの名詞を慣用句の「中核的構成語」とみなすことが多いが，「かく」や「ひく」などのいわゆる抽象動詞も，慣用句において解釈可能な意味を担う場合がある。たとえば，宮地氏によれば「汗をかく」「いびきをかく」「べそをかく」「恥をかく」「ほえ面をかく」における「かく」は，「体の中から外へ，心身の内面から外面へ，そのことがあらわれる」という意味である（宮地(1991)）。

慣用句において複数の比喩的な意味を持つことを明らかにしている（伊藤（1997b））。[7] たとえば，次の「血」の慣用句を見ると，意味の面で似通ったところがあると思われる。

(9)　血が騒ぐ　　　「興奮してじっとしていられない」
　　　血が上る　　　「のぼせる，逆上する」
　　　血眼になる　　「ある目的のために他のことを忘れ，一つの
　　　　　　　　　　　ことに熱中する」
　　　冷血である　　「冷酷，人間らしい情けのないこと」
　　　血道を上げる　「夢中になる，異性や道楽などにのぼせる」

　(9) に示した慣用句は，興奮や怒りや冷淡さなどの感情を表している点が共通している。また，これらの慣用句における「血」は，個々の慣用句全体の意味との関係から判断して，【感情を表す器官】といった比喩的な意味を持つと思われる。「興奮して，勇気がわいてくる」ことを表す「血沸き肉躍る」や，「人間らしい思いやりがまったくない」ことを表す「血も涙もない」も，(9) に示した表現に加えることができよう。これらの慣用句における「血」はそれぞれ「興奮，勇気」や「人間的な心情」を示しており，【感情を表す器官】という比喩性があるからである。

　ドイツ語のBlut（血）の慣用句の中には，(10) のように怒りや恐怖などの感情を表すものがある。

(10)　jemandem kocht das Blut in den Adern
　　　（血管の中の血が煮えたぎる）「激昂している」
　　　heißes/feuriges Blut haben
　　　（熱い／燃え立つような血がある）「かっとなりやすい，情熱的」

---

　[7] この節で取り上げた慣用句の定義について，伊藤（1997b，1999b）および『身につく独和・和独辞典』（三省堂，2007），『日本語慣用句辞典』（東京堂出版，2005），『明鏡ことわざ成句使い方辞典』（大修館書店，2007-2009）などを参考にした。

jemandem erstarrt/gefriert das Blut in den Adern
（血管の中の血が固まる／凍る）「ぞっとする，血が凍る思いがする」

したがって，(10) に示したドイツ語の慣用句における Blut は，(9) に示した「血が騒ぐ」や「冷血である」などの日本語の慣用句における「血」と同様に，【感情を表す器官】という比喩的な意味を担っていると思われる。「血」と Blut は日・独両言語の慣用句において共通の比喩性があるわけである。

日本語の「血」の慣用句に戻ると，(9) のように【感情を表す器官】という比喩性を持つもののほかに，次の表現がある。

(11)　血を引く　　　　　「先祖からの血のつながりがある，親や先祖の資質・性格を受け継ぐ」
　　　血を分ける　　　　「実の親子や兄弟の関係にある」
　　　血がつながる　　　「血縁関係にある」
　　　血は水よりも濃い　「親子や兄弟などの肉親は，他人よりもきずなが強い」

(11) に示した各慣用句の定義からうかがえるように，「血を引く」や「血を分ける」などはすべて親族関係や家系に関する表現である。したがって，これらの慣用句の「血」には，【血縁関係】といった比喩性があると考えられる。「血は争えない」という慣用句は「親から受け継いだ性格や性質は何らかの形で子供に現れるものだ」といった意味を表しており，親子のつながりを表している点で (11) に挙げた表現に類似している。よって，「血は争えない」の「血」にも，【血縁関係】という比喩性が認められる。

ドイツ語の Blut の慣用句においても，(12) のように親族関係や家系を示しているものがある。

(12)　blaues Blut in den Adern haben（血管の中に青い血がある）
　　　「貴族の家柄である」

die Bande des Blutes（血のきずな）「血縁」
　　　Blut ist dicker als Wasser（血は水よりも濃い）
　　「他人よりも肉親のほうが結びつきが強い」

　たとえば，(12) の blaues Blut（青い血）は貴族の家系を示し，die Bande des Blutes（血のきずな）は親族の結びつきを示している。これらの慣用句における Blut は (11) の「血を引く」や「血がつながる」における「血」と同様に【血縁関係】といった比喩性がある。つまり，この比喩性も先の【感情を表す器官】と同様に，日・独両言語の慣用句に共通しているものである。

　なお，(11) の「血は水よりも濃い」と (12) の Blut ist dicker als Wasser（血は水よりも濃い）という表現は，[8] 意味および構成語と統語構造の面で互いに対応しており，さらに Blood is thicker than water という英語の表現にもほぼ完全に対応する。この三者間対応は，先に述べた言語間の「表現借用」が原因であると思われる（p. 139）。というのは，日本語の「血は水よりも濃い」は英語のことわざ Blood is thicker than water の訳とされている（『日本語「語源」辞典』，2004）。また，この英語のことわざは Blood's thicker than water の形で 1670 年に発行された英語のことわざ集に出現したが（ジョン・レイ（編）の *English Proverbs*），もともとは 1180 年ごろのドイツ語の動物物語詩に由来するとされている（*The Macmillan Book of Proverbs, Maxims, and Famous Phrases* (1976 [1948])）。

　日本語とドイツ語の慣用句における「血」と Blut には，先の

---

[8]「血は水よりも濃い」と Blut ist dicker als Wasser（血は水よりも濃い）は (11) と (12) のように「他人よりも身内のつながりは強い」といった社会的な知恵を言い表し，親族を助けるときによく用いられる。よって厳密に言えば，これらは「ことわざ」と呼ぶべきものである。しかし，(9)-(12) の例からうかがえるように，伊藤氏は「慣用句」の定義をやや広くとらえており，「血は水よりも濃い」などのことわざや，「冷血である」などの複合語表現を慣用句の範囲内のものとみなしている。本章では，伊藤氏に準じてこれらの表現を扱うことにする。

【感情を表す器官】と【血縁関係】のほかに，複数の比喩的な意味がある。たとえば，「殺傷に対して，殺傷で対応する」ことを表す「血で血を洗う」[9]や，「殺し合ったり傷つけ合ったりして多くの死傷者を出す」ことを表す「血の雨を降らす」における「血」は，それぞれの慣用句全体の意味との関係から判断して【流血，殺傷】といった意味があると考えられる。[10] また，ドイツ語には「血まみれになっている」ことを表す in seinem Blut schwimmen（自分の血の中で泳ぐ）や，「人の死に責任がある」ことを表す an ~ Händen klebt Blut（~の手に血がくっついている）といった慣用句があり，これらにおける Blut にも，「血で血を洗う」や「血の雨を降らす」の「血」と同様に【流血，殺傷】という比喩性が認められる。

さらに，「活性化を期待し，人を組織に新しく加える」ことを表す「新しい血を入れる」という日本語の慣用句と，「（血気盛んな）若者」を意味する ein junges Blut（一人の若い血）というドイツ語の慣用句を比較すると，これらにおける「血」と Blut は【人間，生き物】といった共通の比喩性を担っていることが分かる。

以上，日本語の「血」の慣用句とドイツ語の Blut の慣用句を比較したところ，「血」と Blut という名詞がそれぞれの言語の慣用句において【感情を表す器官】【血縁関係】【流血，殺傷】【人間，生き物】などの比喩的な意味を担っていることが分かった。[11]「血」

---

[9] この慣用句には「肉親同士が激しく争う」という意味もある。

[10] 伊藤氏は「血で血を洗う」や「血の雨を降らす」における「血」の比喩的な意味を【血液そのもの（殺傷）】と呼んでいる。しかし，【血液そのもの】は「血」の通常の意味であり，比喩的な意味ではないと思われる。よって混同を避けるためにも，ここでは「血で血を洗う」などにおける「血」の比喩的な意味を【流血，殺傷】と呼ぶことにする。

[11] 伊藤氏によれば，日・独慣用句における「血」と Blut には共通の比喩性がもう一つある。「生まれながらの才能がある」ことを表す jemandem im Blut liegen（~の血の中にある）における Blut は【知識・技能・能力】を表し，この意味は「血となり肉となる」という日本語の慣用句の「血」にも認められる。詳細に関しては伊藤（1997b）を参照されたい。

と Blut に共通して認められる比喩性が多いことは興味深い。これらの名詞が【血液】という文字どおりの意味のみならず，先に述べたさまざまな比喩的な意味も共通していることから，日・独両言語における名詞の「語義の幅」が似通っている，ということになる。日・独それぞれの言語の辞書における「血」と Blut の見出しの下に，先の日・独慣用句の比較により明確になった比喩的な意味を手掛かりとして，それぞれの語の語義を分類し記述することが可能である。

日・独慣用句の「手」と Hand（手）

　身体語彙を含む日本語の慣用句の中には，「手を焼く」「手を加える」「手に負えない」「手を抜く」のように，「手」を含む表現が数多くある。ドイツ語においても，Hand（手）を含む慣用句が非常に多い。たとえば，zwei linke Hände haben（左手が二つある）「不器用である」や freie Hand haben（自由な手がある）「行動の自由がある」などがある。伊藤氏は日本語の「手」の慣用句とドイツ語のHand（手）の慣用句を取り上げ，これらの名詞がそれぞれの言語の慣用句においてさまざまな比喩的な意味を持つことを明らかにしている。また，日・独慣用句を比較した結果，「手」と Hand が担っている比喩的な意味には共通点があるものの，相違点のほうが多いことを示している（伊藤（1999b））。

　まず，日・独慣用句の「手」と Hand に共通して見られる比喩的な意味について述べる。「手を加える」と「手を入れる」という日本語の慣用句はそれぞれ，「作品や作業をもっとよくしようとして，加工したり補足したりする」ことと，「不足を補ったり訂正したりする」ことを示している。これらの慣用句における「手」は，それぞれの句全体の意味との関係から，【修正】といった意味を表すと考えられる。また，ドイツ語には「～を仕上げる，最後の修正を～に加える」といった意味を表す die letzte Hand an etwas legen（最後の手を～に置く）があり，この慣用句における Hand は，句全体の

意味との関係から判断すると【Verbesserung（修正）】といった意味を示している。以上のことから，日・独両言語における「手」の慣用句には【修正】という共通の比喩性があると言える。

また，ドイツ語のHandの慣用句の中には，(13)のように人やものを上手に扱う技術や能力があること，またはないことを表している表現がある。

(13)　eine glückliche Hand haben（幸運な手がある）
　　　　「器用である，（人・ものの）扱いが上手である」
　　　eine unglückliche Hand haben（不幸な手がある）
　　　　「不器用である，（人・ものの）扱いが下手である」
　　　zwei linke Hände haben（左手が二つある）
　　　　「不器用である，不器用な振る舞いをする」

(13)に示したeine glückliche Hand habenとeine unglückliche Hand habenはそれぞれ，人やものを扱う技術や腕前が優れていること，優れていないことを示しており，対義語の関係にある。また，zwei linke Hände habenは，非常に不器用でよくへまをすること，つまり，技術や腕前がないことを表している。これらの慣用句におけるHandは，個々の句全体の意味との関係から，【Technik（技術・技能）】といった比喩的な意味があると思われる。なお，zwei linke Hände habenは意味の面ではbe all thumbs（〜が親指ばかりである）「不器用である」という英語の慣用句に似通っている。

「手が上がる」という日本語の慣用句は「技量が上達する，腕前があがる」といった意味を表しており（『日本国語大辞典』），(13)のeine glückliche Hand habenと似通った点がある。よって，「手が上がる」の「手」はこのドイツ語の慣用句におけるHandと同様に【技術・技能】を意味すると言えそうである。

しかし，「手が上がる」の用例をよく見ると，この慣用句は「書道の手が上がって入選する」のように，一般に「文字を書く腕前

が上達することを表している。よって、どのような技術や腕前を述べるかという点では、(13) に示したドイツ語の慣用句と比べれば用法がかなり限られている。つまり、「手が上がる」は一般に「字が上手になる」ことを表すのに対し、(13) の eine glückliche Hand haben は幅広く「人やものを扱う技術がある」ことを示すわけである。

さらにまた、【技術・技能】を表す日本語の慣用句としては、次の (14) の「腕が上がる」や (15) の「腕を磨く」などの、「腕」を含む表現も数多くある。

(14) 花子は最近テニスの腕が上がっている。
(15) ドイツでバイオリン製作の腕を磨いた。

(14)「腕が上がる」と (15)「腕を磨く」のように技術や技能が向上することを示すもののほかに、「腕がある」「腕が立つ」のように技術や技能が優れていることを意味するものや、「腕を振るう」「腕が鳴る」のように技術や技能を発揮する（したい）ことを意味するものもある。以上のことから、日本語の慣用句においては主に「腕」という名詞が【技術・技能】といった比喩的な意味を担っていると考えられる。

日本語の「手」の慣用句には、ドイツ語の Hand の慣用句に見られない比喩的な意味がさらにたくさんある。たとえば次の (16) のように、「手を打つ」「手を尽くす」「手がある」「手がない」における「手」には共通の比喩性があると思われる。

(16) 手を打つ　　「必要な手段を講じる」
　　 手を尽くす　「考えられ得る限りの方法や手段を試みる」
　　 手がある　　「ほどこす手段や方法がある」
　　 手がない　　「ほどこす手段や方法がない」

「手を打つ」と「手を尽くす」は (16) のように「手段や方法をとる」ことを表し、「手がある」と「手がない」は「手段や方法がある（な

い)」ことを表している。よってこれらの慣用句における「手」は，個々の句全体としての意味との関係から，【手段・方法】といった比喩的な意味を持っていると言えるのである。

　また，次の (17) のように，「手に余る」と「手に負えない」は両者とも「自分の力では扱うことができない」ことを表す。

(17)　手に余る　　　「自分の能力の範囲を超えていて，処理しきれない」
　　　手に負えない　「自分の力では処理しきれない」

したがって，これらの慣用句における「手」には【能力】といった比喩的な意味があると考えられる。

　さらに次の (18) のように，「手が込む」と「手を抜く」における「手」にはまた別の比喩性があると思われる。

(18)　手が込む　「手間がかかっている，物事が複雑である」
　　　手を抜く　「しなくてはならないことを省く，仕事などをいい加減にする」

「手が込む」は，「この細工はかなり手が込んでいる」や「手の込んだ策略」のように，仕事や作業に労力や時間が必要であることを表し，「手を抜く」は，「工事の手を抜く」や「この仕事は手を抜くことができない」のように，仕事や作業に必要な労力や時間を省くことを表す。「仕事や作業に必要な労力や時間」が「手間」あるいは「手数」に相当すると考えると，「手が込む」と「手を抜く」における「手」は【手間・手数】といった比喩的な意味を担っていると言える。

　伊藤氏によれば，【手段・方法】【能力】【手間・手数】といった比喩性は日本語の「手」の慣用句に特有のものであり，ドイツ語の Hand の慣用句には見られない。伊藤氏は，これらの例に加えて，「手」の慣用句に特有の比喩性をたくさん挙げている。たとえば，「関係を絶つ」という意味を表す「手を切る」の「手」は【関係】

を示し,「手伝ってもらう,援助を受ける」という意味を表す「手を借りる」の「手」は【労力】を示している。さらにまた,「だまされて他人の術中に陥る」ことを表す「手に乗る」と「事前に必要な手配りをする」ことを表す「手を回す」における「手」は,これらの句全体の意味との関係から,【策略】といった比喩性があるとしている。

　ところで,「手を打つ」や「手を切る」などの「手」がさまざまな比喩的な意味を表しているとともに,個々の慣用句における動詞も比喩的な意味を担っている場合がある。たとえば,「手を切る」においては,「切る」という動詞は「(関係を) 絶つ」ことを意味すると思われる。また,「手を打つ」の「打つ」は,「(手段を) とる,講じる」といった意味を表し,「手に乗る」の「乗る」は,「(策略に) ひっかかる」といった意味を表している。このように,「手を切る」「手を打つ」「手に乗る」における個々の名詞と動詞はそれぞれ,個々の慣用句の意味の一部を担っている。逆に言えば,「関係を絶つ」「手段や方法をとる」「策略にひっかかる」といった慣用句としての意味は,個々の名詞と動詞の比喩的な意味が合わさったものとみなされる。[12]

　ドイツ語の慣用句におけるHandには先に述べた【Verbesserung (修正)】と【Technik (技術・技能)】のほかに,複数の比喩的な意味がある。たとえば,jemandes rechte Hand sein (〜にとっての右手である) というドイツ語の慣用句は句全体で「ある人の一番信頼し

---

[12] 伊藤氏によれば,「手を切る」のように句全体の意味が個々の名詞と動詞の比喩的な意味からなっている場合は,句全体の意味は「比喩性」および「具象性」から発生していると言う。「具象性」とは,個々の構成語の文字どおりの意味により示されている具体的な事柄のことである (伊藤 (1997a, 1999a))。たとえば,「手が後ろに回る」という慣用句が表している「悪いことをして逮捕される」という意味は,この句の文字どおりの意味,つまり (犯人が捕まり)「後ろ手に縛られる」という具体的な行為にもとづいて成立している。なお,「手が後ろに回る」における「手」や「回る」には比喩性がなく,「逮捕される」という句全体の意味はもっぱら句全体の「具象性」から発生している。

ている有能な協力者である」ことを意味する。この句におけるHandは，句全体の意味のうち「協力者」の意味を担っていると思われる。よってこの慣用句におけるHandは【Mitarbeiter（協力者）】といった比喩的な意味を表すとされている。

　日本語には，「〜の右腕である」という表現がある。この表現は「一番信頼する有力な人」（あるいは「部下」）のことを表しており，意味の面ではjemandes rechte Hand seinにほぼ対応する。しかし，ドイツ語の慣用句にはHand（手）という構成語が含まれているのに対し，「〜の右腕である」には「腕」が含まれている。よって，ドイツ語のHand（手）の慣用句および日本語の「腕」の慣用句に【協力者】といった比喩的な意味があるのに対し，日本語の「手」の慣用句にはこの意味がないということになる。この点では，「手」とHandの個々の比喩性の間にずれがある。

　ドイツ語のHandの慣用句の中には，von Hand zu Hand gehen（手から手へと行く）や，durch viele Hände gehen（多くの手を通っていく）のように，持ち物や財産の持ち主が変わることを表すものがある。これらの慣用句におけるHandは，それぞれの句全体の意味との関係から，所有物の持ち主，つまり【Besitzer（所有者）】を意味すると思われる。[13] それに，「行動の自由がある」ことを意味するfreie Hand haben（自由な手がある）におけるHandは行動そのものを示しており，【Handeln（行動）】といった比喩性がある。なお，【Besitzer（所有者）】と【Handeln（行動）】はドイツ語の慣

---

[13] 伊藤氏によれば，von Hand zu Hand gehenの意味（次々に持ち主が変わる）は【所有者】といった比喩性およびこの句全体の文字どおりの意味により示されている事柄，つまり「手から手へと行く」といった「具象性」にもとづいて成立しているという（注12参照）。一方，jemandes rechte Hand sein（〜にとっての右手である）「一番信頼する有能な協力者である」やzwei linke Hände haben（左手が二つある）「不器用である」といった表現の意味はそれぞれ【協力者】や【技術・技能】といった比喩性から発生しており，「具象性」の関与はないとしている。

用句に特有の比喩性であり，日本語の「手」の慣用句にはないという。(しかし，「手に入れる」や「手にする」といった表現を視野に入れれば，日本語の「手」の慣用句にも【所有者】といった比喩性があると考えられる。)

さらにまた，ドイツ語の慣用句における Hand は【Person（人物）】という比喩的な意味を表す場合がある。たとえば「しっかりした，あるいはきびしい管理や指導を必要とする」意味を表す starke Hand brauchen（力強い手を必要とする）は，子供や部下が，親や上司などの社会的な権限を持つ人のしつけや指導を必要とすることを表す。よって，この慣用句における Hand は「支配者」を表すと思われる。また，「個人から（買う）」を表す aus privater Hand（個人の手から）における Hand は，「個人」を表すと言えそうである。「支配者」と「個人」は両者とも「人」を表す点で共通しているので，この二つの慣用句における Hand には【Person（人物）】という比喩性があると考えられる。[14]

以上，日本語の慣用句における「手」とドイツ語の慣用句における Hand がさまざまな比喩的な意味を担っていることを示した。日・独両言語の慣用句に共通の比喩性としては，【修正】(Verbesserung) と【技術・技能】(Technik) が挙げられる。ただし，先に述べたように，【技術・技能】という比喩性を担っている日本語の慣用句として「手が上がる」のほかにも「腕が上がる」や「腕

---

[14] 先に述べたように，von Hand zu Hand gehen（手から手へと行く）「次々に持ち主が変わる」や jemandes rechte Hand sein（～にとっての右手である）「一番信頼する有能な協力者である」における Hand はそれぞれ【Besitzer（所有者）】と【Mitarbeiter（協力者）】という比喩性があるが，伊藤氏が指摘しているように，「所有者」と「協力者」は（「支配者」と「個人」と同様に）「人」といった上位概念に含まれている。よって，von Hand zu Hand gehen や jemandes rechte Hand sein における Hand の比喩性も【Person（人物）】と呼ぶことが可能かもしれない。個々の比喩性の設定の仕方に関してはさらなる吟味が必要であると考えられるが，この問題については機会をあらためて論じることとする。

を磨く」などの「腕」の慣用句が数多くあるため，【技術・技能】は「腕」という名詞の比喩性ともみなさなければならない。

　また，日本語の「手」の慣用句，またはドイツ語のHandの慣用句，つまりどちらかの言語一方のみの慣用句が担っている比喩性がたくさんある。日本語の「手」の慣用句に特有の比喩性としては，【手段・方法】【能力】【手間・手数】【関係】【労力】などがある。その一方で，ドイツ語のHandの慣用句には，【Mitarbeiter（協力者）】【Handeln（行動）】【Person（人物）】などがある。

　なお，先に述べた「血」とBlutの慣用句においては【感情を表す器官】【血縁関係】【流血，殺傷】などの日・独両言語に共通の比喩性が多いのに対し，「手」とHandの慣用句においては，【手段・方法】【能力】のように日本語の慣用句に特有の比喩性や，【Mitarbeiter（協力者）】【Handeln（行動）】のようにドイツ語の慣用句に特有の比喩性が多いことは興味深い。日・独両言語におけるそれぞれの語の「意味の幅」は「血」とBlutのように類似する場合もあれば，「手」とHandのように大きくずれている場合もあるわけである。なお，その他の日・独慣用句における比喩性の対応関係を明らかにするためには，さまざまな慣用句に関する体系的な分析が求められる。[15]

---

[15] 言語学者の林八龍（イム・パルヨン）氏は，「目・口・顔・胸・腹・腰・手・足・身・血」などの身体語彙を含む日本語と韓国語の慣用句の体系的な比較分析を行っており，個々の語がそれぞれの言語において複数の意味に結びついていることを示している（林（2002））。（以下では，便宜上，ハングル文字の表記を省く。）たとえば，日・韓両言語の「目」の慣用句について，「目が高い」（日・韓）や「目が肥える」（日）のように【判断力・分別力】を表すものや，「目を引く」（日・韓）や「目をつける」（日）のように【関心・注目】を表すものや，「目をつぶる」（日・韓）や「目に土が入る」（韓）のように【生死】を表すものが存在する。「目を剥く」（日）や「目にとげが生える」（韓）のように【怒り】を表す表現や，「目を疑う」（日・韓）や「目を見張る」（日）のように【驚き】を表す表現もある。一方，日本語には「大目玉を食う」や「目くじらを立てる」のように【叱責】の意味を示す慣用句があるのに対し，韓国語の「目」の慣用句にはこ

辞書における「比喩性」

先の考察から分かるように、「血」と Blut や「手」と Hand などの、複数の言語の慣用句における「中核的構成語（kernel constituent）」を比較することにより、それぞれの語の比喩的な意味の幅を明らかにできる。また、【手段・方法】や【能力】などの個々の比喩性は、辞書作りや外国語学習の語彙教育において有効な手掛かりになる。

たとえば、日本語の辞書において「血」を記述する際、【血液】という文字どおりの意味（あるいは「第一の意味」）のほかに、先の比較分析で明らかになった【血縁関係】【感情を表す器官】【流血，殺傷】【人間】などの比喩的な意味を参考にすれば、「血」の意味の幅を正確に反映した「第二の意味」や「第三の意味」などの二次的な項目を設定し、この語の意味と用法を詳しく記述できるようになると思われる。（既存の国語辞典においても、個々の見出し語が慣用句において担っていると思われる比喩性をある程度整理した上でその語の意味記述を行っていることはいうまでもない。）日本語と世界の言語の慣用句を比較することにより、日本語の慣用句のみを対象とした場合にはなかなか見分けることのできない比喩性が浮き彫りになる可能性もある。

ところが、「中核的構成語（kernel constituent）」の比較では、分析の対象はあくまでも「手」や Hand などの個々の構成語にとどまるので、「手を加える」や die letzte Hand an etwas legen（最後の手を～に置く）「～を仕上げる」などの慣用句間の意味上の対応やずれまでは明らかになるわけではない。たとえば、「手を加える」と die letzte Hand an etwas legen は、「手」と Hand というそれぞれの名詞が【修正】を表す点で確かに似通ってはいるが、これらの

の意味を示すものはない。なお、林氏によれば「目・頭・顔・血・胸・首」の日・韓慣用句の中には表現および意味の面で互いに類似するものが多いが、「腸・腰・尻・腹・鼻・肝」の慣用句に関しては、日・韓の類似表現はあまり存在しない。

慣用句がどこまで対応しているのか，また，どの点で異なっているのかを明確にするためには，個々の句全体の意味と用法を比較することが必要になる（Dobrovol'skij and Piirainen（2005：63-78））。

また，比較の対象を「手」や「血」などの特定の名詞に限定することにより，それ以外の名詞を含む慣用句との対応関係を見逃してしまう可能性もある。たとえば，前述したように jemandes rechte Hand sein（～にとっての右手である）「ある人の一番信頼している有能な協力者である」に対応する日本語の表現としては「～の右腕である」（最も頼りになる人）が挙げられるが，この二つは Hand（手）と「腕」の違いがあるために，本来比較対象にはならない。

そこで次節では，複数の言語における慣用句全体の意味と用法を比較対照する分析方法について述べることにする。

5 「失敗する」ことを表すロシア語とドイツ語の慣用句
　　──慣用句の訳語は文脈によって変わる──

本章の冒頭で述べたように，外国語の慣用句は通常は日本語に直訳できない。しかし次の例のように，外国語（この場合は英語）の慣用句を日本語の慣用句を使って訳せる場合がある。

(19)　He got the money, and I got a prison sentence. <u>My blood boils</u> every time I think of it.
　　　(やつは金を手に入れ，おれは実刑をくらった。このことを考えるたびに，はらわたが煮えくり返る)　　　　　　　　　(=(1))

(19)の日本語訳における「はらわたが煮えくり返る」は one's blood boils（血が煮えたぎる）「憤慨する」の直訳ではなく，日本語の慣用句である。この慣用句は(19)の文脈において，one's blood boils とほぼ同じ事柄，つまり「おれ」が不公平な扱いをされたと感じ，激しい怒りを覚えていることを表している。したがって one's blood boils と「はらわたが煮えくり返る」は互いの訳語

であると考えられる。

　ところが，ある言語「A」の慣用句をもう一つの言語「B」に訳すとき，言語「B」における訳語が一つだけではなく，複数ある場合がある。この現象について，ドミートリー・ドブロヴォルスキー氏というロシア人の言語学者が詳しく述べている。ドブロヴォルスキー氏は nakryt'sja mednym tazom（～に銅のたらいが覆いかぶさる）「失敗する，しくじる，失う，故障する」というロシア語の慣用句を例に挙げ，これに当たるドイツ語の慣用句が少なくとも 12 個あることを示している（Dobrovol'skij（1998, 2000））。その中には「大失敗する，無駄に終わる，だめになる」ことを表す in die Hose gehen（ズボンの中に入る）や「使い物にならなくなってしまっている」ことを表す im Eimer sein（バケツの中にある）などがある（詳細は後述）。ただし，これらの訳語は自由に用いられるわけではない。どのドイツ語の表現を選ぶかは，もとのロシア語の慣用句の文脈によって異なる。特に重要なのは，nakryt'sja mednym tazom の主語に来る名詞の種類である。

　たとえば，nakryt'sja mednym tazom は次のように「コンピューター」を主語とする場合がある。

(20)　Kompjuter nakrylsja mednym tazom.（露）
　　　（コンピューターに銅のたらいが覆いかぶさった）
　　　「コンピューターは機能しなくなった」

nakryt'sja mednym tazom は，(20) のように，主語の位置に kompjuter（コンピューター）が来た場合には，「機能しなくなる」あるいは「故障する，壊れる」といった意味を表す。「テレビ」「車」「ティーポット」などを主語に取った場合も，同様の意味になる。「コンピューター」「テレビ」「車」「ティーポット」はすべて人間が作ったものであり，「具体物」あるいは「製品」と言える。nakryt'sja mednym tazom は「具体物」（あるいは「製品」）を表す名詞を主語に取った場合には，「機能しなくなる」あるいは「故障

する」といった意味になるわけである。

(20)におけるnakryt'sja mednym tazomをドイツ語で表現しようとしたとき，次の三つの慣用句が用いられる。

(21) 　den Geist aufgeben（独）
　　　　（霊(たましい)を手放す）「死ぬ，動かなくなる」
　　　im Eimer sein（独）
　　　　（バケツの中にある）
　　　　「使い物にならなくなってしまっている」
　　　im Arsch sein（独）
　　　　（けつの中にある）
　　　　「壊れている，破滅している，だめになっている」

(21)に示したドイツ語の慣用句が三つともnakryt'sja mednym tazomの訳語として用いられるのは，これらがすべて「コンピューター」「テレビ」「車」「ティーポット」などの「具体物」あるいは「製品」を示す名詞を主語に取ることが可能であり，また，その場合は(20)のnakryt'sja mednym tazomと同様に「〜が機能しなくなる」や「〜が故障する，〜が壊れる」という意味を表すからである。

なお，(21)に挙げたim Arsch sein（独）は「Arsch（けつ）」という俗語を含む点で他のden　Geist　aufgeben（独）とim　Eimer sein（独）と比べればよりくだけた失礼な表現である。よって，この三つは先のように「機能しなくなる，故障する」という意味を表す点で類句とみなされるものの，im Arsch sein（独）は口語的あるいは俗っぽい文章や会話にしか用いられない点で，den Geist aufgeben（独）とim Eimer sein（独）とは文体的なずれがあり，また，nakryt'sja mednym tazom（露）の訳語として用いることができない場合が多い。

nakryt'sja mednym tazom（露）が主語に取る名詞の話に戻ると，この慣用句は(20)の「コンピューター」や「車」「ティーポット」

などのほかに，(22)のように「コンサート」を主語に取る場合がある。

(22) Koncert nakrylsja mednym tazom.（露）
　　 (コンサートに銅のたらいが覆いかぶさった)
　　「コンサートは行われなかった」

(22)の日本語訳からうかがえるように，nakryt'sja mednym tazomは「koncert（コンサート）」を主語にした場合には，「行われない」あるいは「開催されない」といった意味を表すことになる。「演劇」「パーティー」「会議」「大会」などの社会的行事を表す名詞を伴った場合も，同様の意味になる。つまり，nakryt'sja mednym tazomは「社会的行事」を意味する名詞を主語にした場合には「行われない，開催されない」ことを表すのである。

　(22)の文脈におけるnakryt'sja mednym tazomには，ドイツ語の訳語が二つある。一つは，次のins Wasser fallen（水の中に落ちる）「行われなくなる，開催されなくなる」である。

(23) Das Konzert ist ins Wasser gefallen.（独）
　　 (コンサートは水の中に落ちた)
　　「コンサートは行われなかった」

(23)のように，ins Wasser fallen（独）は「コンサート」などの「社会的行事」を主語に取ることができる。また，その場合は，「行われなくなる」「開催されなくなる」といった意味を表す。よって，この慣用句は(22)の文脈においてはnakryt'sja mednym tazom（露）の適切な訳語である。

　もう一つは，es ist Essig (mit etwas)（(〜に関して) お酢である）「〜はもうだめ（終わり・失敗）だ」である。このドイツ語の慣用句は「コンサート」「パーティー」「会議」などの社会的行事を表す名詞を取る場合には，(23)のins Wasser fallen（独）とほぼ同じ意味を表す。よって，これも(22)におけるnakryt'sja mednym tazom（露）

の訳語として適切なものである。

　ところで,「だめになる,無駄に終わる,大失敗する」ことを表す in die Hose gehen（ズボンの中に入る）というドイツ語の慣用句は, 先の ins Wasser fallen（独）と es ist Essig (mit etwas)（独）と同様に「コンサート」や「会議」などの社会的行事を示す名詞を取ることがあるが, その場合は「行われない」「開催されない」といった意味を表すのではなく, 次のような意味になる。

(24)　Das Konzert ist in die Hose gegangen.（独）
　　　（コンサートはズボンの中に入った）
　　　「コンサートはひどかった」

(24) のように, in die Hose gehen の主語の位置に Konzert（コンサート）が来た場合は,「とても悪い」「ひどい」といった意味になる。よってこの慣用句は (23) の ins Wasser fallen（独）（水の中に落ちる）と先の es ist Essig (mit etwas)（独）((〜に関して) お酢だ) とは違って, (22) における nakryt'sja mednym tazom（露）の訳語としては用いられない。

　(21) に示した im Eimer sein（独）（バケツの中にある）と im Arsch sein（独）（けつの中にある）に関しても同様である。この二つは「コンサート」「会議」などの社会的行事を主語にした場合は, (24) の in die Hose gehen（独）と同様に「ひどい」という意味になる。よって, (22) における nakryt'sja mednym tazom（露）の訳語としては用いられない。しかし, 先にも述べたように, im Eimer sein（独）と im Arsch sein（独）は「コンピューター」「車」などの「具体物」を主語にする場合があり, その場合は「機能しなくなる」を表すので, (20) における nakryt'sja mednym tazom（露）の訳語としては適切である。このように, nakryt'sja mednym tazom は文脈によって訳語が変わる, というわけである。

　nakryt'sja mednym tazom（〜に銅のたらいが覆いかぶさる）は (20) の kompjuter（コンピューター）や (22) の koncert（コンサー

ト）のほかに，次のように brak（結婚）を主語に取ることがある。

(25)　Ix brak nakrylsja mednym tazom.（露）
　　　（彼らの結婚に銅のたらいが覆いかぶさった）
　　　「彼らの結婚が破綻してしまった」

(25)のように，主語に「結婚」が来た場合は，配偶者との関係が壊れてしまい，結婚生活が保てなくなることを表す。「友情」や「婚約」など，その他の人間関係を表す名詞がこの慣用句の主語に立った場合も同様に，「互いの関係が保てなくなる」「人間関係が壊れてしまう」といった意味になる。したがって，nakryt'sja mednym tazom（露）の主語の位置に「人間関係」を表す名詞が来た場合，この慣用句は「（人間関係が）破綻する，壊れてしまう」という意味になる。

　Dobrovol'skij 氏によれば，(25)における nakryt'sja mednym tazom の訳語として用いられるドイツ語の慣用句は五つもあるという。まず，(21)の im Eimer sein（バケツの中にある）「使い物にならなくなってしまっている」と im Arsch sein（けつの中にある）「破滅している，だめになっている」や，先に述べた es ist Essig (mit etwas)（（〜に関して）お酢だ）「〜はもうだめ（終わり・失敗）だ」が用いられる。これらは「友情」「婚約」「結婚」などの名詞を取ることがあり，その場合は，(25)の nakryt'sja mednym tazom（露）と同様に「人間関係が壊れてしまう」ことを表す。また，次の二つも適切な訳語である。

(26)　in die Binsen gehen（独）（イグサ（アシ）の中に入る）
　　　「失われる，だめになる，行われない」
　　　in die Brüche gehen（独）（崩壊の中に入る）
　　　「壊れる，破綻する」

(26)に挙げたドイツ語の慣用句は，wenn die Ehe in die Binsen geht（結婚がダメになるときに）や die Verlobung in die Brüche gegangen（婚約が破綻してしまった）のように，「人間関係」の名詞を主語に取った場合は「関係が壊れてしまう」といった意味を表す。よってこれらも（25）の文脈における nakryt'sja mednym tazom（露）に対応すると言える。

以上，nakryt'sja mednym tazom というロシア語の慣用句は「具体物」「社会的行事」「人間関係」を表す名詞と一緒に用いられることを示した。[16] また，この慣用句のドイツ語の訳語として複数の慣用句があり，どの訳語を選ぶかは，ロシア語の原文の主語で使われている名詞の種類，つまり「名詞類」によって異なることを示した。nakryt'sja mednym tazom（露）の訳語として用いられるドイツ語慣用句の使い分けを表にまとめると，表2のようになる。

表2に示した個々の慣用句を比較すると，慣用句同士で重なる部分はあるものの，重ならない部分が多く，使い分けが複雑であることが分かる。たとえば，2の im Eimer sein と3の im Arsch sein は，5の es ist Essig (mit etwas)，6の in die Binsen gehen，また7の in die Brüche gehen と同様に「結婚」などの「人間関係」の名詞を取ると，「関係が壊れてしまう」ことを表す。よってこの五つはすべて（25）の文脈における nakryt'sja mednym tazom（露）の訳語として用いることができる。しかし，2の im Eimer sein と3の im Arsch sein は「コンピューター」などの「具体物」が壊れることを表す場合もあるのに対し，5の es ist Essig (mit etwas)，6の in die Binsen gehen，また7の in die Brüche gehen は「具体物」を表す名詞を取らない。よって後者の三つは前者の二つとは

---

[16] nakryt'sja mednym tazom は本章で述べた名詞類のほかに，「論文」「著書」「絵」などの「知的作品・芸術作品」を表す名詞や，「（お）金」「貯金」「財政援助」などの「所有物・金銭」を表す名詞，また「計画」「希望」「目標」などの「意図・期待」を表す名詞を主語に取ることもある。本章では，Dobrovol'skij 氏の主な主張を説明するために「具体物」「社会的行事」「人間関係」の三つを中心に述べるにとどめた。その他のものに関しては Dobrovol'skij (1998, 2000) を参照されたい。

表2 nakryt'sja mednym tazom（露）に対応するドイツ語の慣用句

	慣用句 \ 名詞の種類	具体物	社会的行事	人間関係
1	den Geist aufgeben （霊を手放す）	○		
2	im Eimer sein （バケツの中にある）	○	#	○
3	im Arsch sein （けつの中にある）	○	#	○
4	ins Wasser fallen （水の中に落ちる）		○	
5	es ist Essig (mit etwas) （(〜に関して) お酢である）		○	○
6	in die Binsen gehen （イグサの中に入る）		○／#	○
7	in die Brüche gehen （崩壊の中に入る）			○

「○」＝当該の名詞類を伴った場合は nakryt'sja mednym tazom（露）の訳語として適切。

「#」＝当該の名詞類を伴った場合は nakryt'sja mednym tazom（露）とは異なった意味を表すため，訳語として不適切。

空白＝当該の名詞類を伴わない。

違って，(20) の文脈における nakryt'sja mednym tazom（露）の訳語としては用いられない。

また，5 の es ist Essig (mit etwas) は「コンサート」などの「社会的行事」を表す名詞を取ると，「行われない，開催されない」ことを表す場合がある。この場合は，(22) における nakryt'sja mednym tazom（露）の訳語として用いられる。これに対し，2 の im Eimer sein と 3 の im Arsch sein は「コンサート」などの名詞を主語に取った場合は「ひどい」という意味を表す。よって (22) の nakryt'sja mednym tazom（露）の訳語としては不適切である。6 の in die Binsen gehen は「コンサート」などを主語にした場合は,「行われない」または「ひどい」という二通りの解釈が可能である。この点で, 5 の es ist Essig (mit etwas) とは違う。なお, 1 の den Geist aufgeben と, 7 の in die Brüche gehen は「社会的行事」の名詞を取らないので,これらの慣用句も (22) の nakryt'sja mednym tazom（露）の訳語としては用いられない。

　表 2 のように, nakryt'sja mednym tazom というロシア語の慣用句とこれに当たるドイツ語の訳語の間には複雑な対応関係があり,一対一の対応関係は存在しない。ロシア語とドイツ語におけるその他の慣用句や, ロシア語とドイツ語に限らず, 日本語や英語などのさまざまな言語の慣用句間にも, このような複雑な対応関係が成立する場合が多いと考えられる。

　なお, 以上の考察から, 多くの二ヶ国語辞典における慣用句の記述を改善する余地があると思われる。二ヶ国語辞典においては,「blow one's stack《米俗》かっと腹を立てる」(『ジーニアス英和辞典』, 2001) のように, 見出し語の慣用句に対応する表現が一つしか挙げられていない場合が多い。複数の訳語が示されている場合もあるが, それぞれの訳語の使い分けに関する情報や用例が必ずしも十分であるとは限らない。しかし, 辞書を使う人にとっては, 見出し語の慣用句に複数の訳語があるかどうかや, 個々の訳語がどのように使い分けられるかは必要不可欠な情報である。二ヶ国語辞典の課題であろう。

第 6 章

日本語と英語の〈怒り〉の慣用句
――慣用句の比較対照の方法（2）――

1 慣用句の「意味的な特徴」とは

　第5章で述べたように，blow one's stack（自分の煙突を爆発させる）という英語の慣用句は「かっと腹を立てる」と訳されることがある（たとえば『ジーニアス英和辞典』2001 年）。blow one's stack と「腹を立てる」は両者とも「怒る」ことを意味する点で確かに共通性が認められる。

　しかし，次の例のように，「腹を立てる」が blow one's stack と訳せない場合がある。

(1) a. ○ぼくは息子の態度に腹を立てていた。
　　 b. × I was blowing my stack at my son's attitude.
　　　　（ぼくは息子の態度に煙突を爆発させていた）

(1a)のように，「腹を立てていた」は問題なく言える。この文は，「ぼく」が「息子」の態度に対してしばらく怒りの気持ちを抱き続けたという意味を表している。一方，(1b)のように，× I was blowing my stack. とは言えない。blow one's stack を進行形にできないことは，この慣用句が継続的な事態を表していないことを示唆する。この慣用句は I blew my stack at my son's attitude.（ぼくは息子の態度に煙突を爆発させた）のように，単純過去形で用いられ，I（ぼく）が my son（息子）の態度をがまんできなくなって怒りを爆発させてしまったことを表している。よって blow one's stack は，「怒り」が瞬間的に爆発することを意味すると分かる。

　(1a)と(1b)では，「腹を立てる」と blow one's stack は，「怒る」という事態の時間的な面をどのようにとらえているかという点で異なっている。言語学の用語で表現すると，「腹を立てる」は〈継続的 (continuous)〉なのに対し，blow one's stack は〈瞬間的 (instantaneous)〉であると言える。この違いは，「腹を立てる」の「立てる」に「～ている」という文末表現をつけられるのに対し，blow one's stack の blow には「be 動詞 + -ing」がつけられない，という

明確な表現上の違いに反映されている。

〈継続的〉と〈瞬間的〉は,「腹を立てる」と blow one's stack それぞれの表現の意味の一部をなしており,このような意味の要素を「意味的な特徴」と言う。これらの慣用句の意味には,〈継続的〉と〈瞬間的〉のほかにもいくつかの意味的な特徴が含まれている（詳細は後述）。よって,個々の慣用句の意味は複数の意味的な特徴の「束」から構成されていると考えられる。

ところが,(1a) と (1b) のように日本語と英語の慣用句を一つずつ突き合わせてみても,それらの共通点・相違点のもとになっている意味的な特徴を明らかにするのは難しい。各言語において〈怒り〉を表す慣用句がたくさんあり,互いに意味が重なっているものもあるために,どの日本語の慣用句をどの英語の慣用句と比較すればよいかが分からない場合が多いからである。また,このように抽出した意味的な特徴が一般的なものと言えるかどうかも問題になる。

そこで,まず日本語と英語のそれぞれの言語において〈怒り〉を表す慣用句を集め,それから各言語の慣用句の使い分けを手がかりとして個々の表現の意味的な特徴を明らかにする,といった手法が有効であると考えられる。各言語の慣用句をよく観察してから,日英両言語の表現の意味的な特徴を比較すれば,個々の日本語と英語の慣用句の対応関係を明らかにできるようになるというわけである。

以上のことをふまえ,本章では,日本語と英語の〈怒り〉の慣用句を比較対照することによって,日・英語それぞれの〈怒り〉の表現の意味的特徴を明らかにしてみる。〈怒り〉を表す日本語の慣用句としては,先の「腹を立てる」のほかに,(2) に示したものがある。これらは比較的よく知られており,かつ一般的に用いられている表現である。

(2) 頭にくる，腹が立つ,[1] 腹に据えかねる，はらわたが煮えくり返る，癇癪を起こす，堪忍袋の緒が切れる

〈怒り〉を表す英語の慣用句も数多くある。本章では, blow one's stack/top（自分の煙突／ふたを爆発させる）「激怒する，怒りを爆発させる」に加えて，次の (3) に示したものも対象とする。

(3) get/be hot under the collar（襟元が熱くなる／熱い）「興奮する，かっかする／興奮している，かっかしている」, one's blood boils/make one's blood boil（血が煮えたぎる／血を煮えたぎらせる）「憤慨する／憤慨させる」, fly off the handle（取っ手からすっぽ抜ける）「かっとなる，自制心を失う」, blow/let off steam（蒸気を吹き出す／発する）「鬱憤を晴らす」, see red（赤を見る）「激怒する」[2]

以下では，筆者が以前行った分析を参考に (Ishida (2008))，まず (2) と (3) に示した日英それぞれの言語における慣用句の用法上の違いを検討し，個々の慣用句の区別にかかわっている意味的な特徴を明らかにする。「腹を立てる」の意味的な特徴は，(2) の「頭にくる」や「はらわたが煮えくり返る」などの，日本語の類句との使い分けを手掛かりとして明らかにする。blow one's stack の意味的な特徴は，(3) に挙げた get hot under the collar（襟元が熱くなる）「かっかする」や fly off the handle（取っ手からすっぽ抜ける）

---

[1]「腹が立つ」と「腹を立てる」は自動詞形・他動詞形の「変異形」とみなすが（第2章を参照），後ほど述べるように，この二つの間に意味・用法上の違いがあるので，本章では，別々に扱うことにする。

[2] get/be hot under the collar と one's blood boils/make one's blood boil は，「腹が立つ／腹を立てる」と同様に，慣用句の「変異形」とみなすが，各変異形間に意味・用法上の違いがあるため，別々に扱う。一方，blow one's stack/top と blow/let off steam に関しては，各変異形間には意味・用法上の違いがないので，区別しないことにする。

「かっとなる」などの英語の類句との比較により抽出していく。[3] その後,「腹を立てる」や blow one's stack などの個々の日本語と英語の慣用句を突き合わせてみて,両言語の慣用句の意味がどのように重なっており,またどのようにずれているかを示していく。

なお,日本語と英語の〈怒り〉の慣用句としては,(2) と (3) に挙げたもののほかにも,「癪に障る」や「怒り心頭に発する」,また do a slow burn(ゆっくりと燃え続ける)「徐々に怒りの気持ちがこみ上げてくる」や hit the ceiling(天井をつく)「かんかんに怒る」などがある。しかし,本章の目的は,日本語と英語の〈怒り〉の慣用句を余すところなく分析することではなく,日英語の慣用句の対照分析の方法を示すことである。よって分析の対象は,(2) と (3) に示した,比較的よく用いられている慣用句に限定しておく。[4]

2 〈怒り〉の時間的な面

日本語の〈怒り〉の慣用句同士を比較してみると,個々の慣用句が「怒る」という事態の時間的な面をどのように描写しているのか

---

[3] 第 5 章では,主に主語に立つ名詞の性質(「具体物」「人間関係」など)を手掛かりにロシア語とドイツ語の慣用句の対応関係を示した。本章では,日本語と英語の慣用句の動詞形(「～ている」形など)や,間接目的語などの共起語の性質を手掛かりとして,各言語における慣用句の意味的な特徴を抽出できることを示す。

[4] Keiko Matsuki 氏という研究者は,認知言語学の観点から日本語の〈怒り〉の表現を考察している。「怒りが燃え上がる」「はらわたが煮えくり返る」などの表現は,英語の〈怒り〉の表現と同様に,ANGER IS FIRE《怒りは火》や ANGER IS THE HEAT OF A FLUID IN A CONTAINER《怒りは容器に入った液体の熱》などの「概念メタファー(conceptual metaphors)」に基づいて成立していると主張する。さらに,「腹が立つ」や「腹に据えかねる」などの「腹」の慣用句は,ANGER IS [IN THE] HARA《怒りは腹の中にある[腹である]》という日本語特有の概念メタファーから発生しているともいう。詳細は Matsuki (1995) を参照されたい。

という点で違いがある。この違いは，各慣用句が「～ている」の形で使われるかどうか，また，「～ている」をつけた場合にどのような意味になるかを見れば分かる。たとえば「腹を立てる」は，(1a) や次の (4) のように，「～ている」の形で使われる場合がある。一方，「堪忍袋の緒が切れる」は (5) のように，「～ている」の形では普通は使わない。

(4) ○うちの前での迷惑駐車に腹を立てている。
(5) ??娘の朝帰りに堪忍袋の緒が切れている。[5]

(4) における「腹を立てている」は，主体が怒りの気持ちをしばらく継続したことを表し，「怒る」という事態を動的な，進行的なものとして描写している。(5) のように「?? 堪忍袋の緒が切れている」と言えないことは，「堪忍袋の緒が切れる」が継続の意味を持たないことを示している。実際，この慣用句は「○娘の朝帰りに堪忍袋の緒が切れた」のように，「～た」の形で用いられることが多く，がまんできなくなって怒りが瞬間的に爆発することを描写している。

また，仮に「?? 堪忍袋の緒が切れている」を解釈しようとすれば，「怒りが爆発しつつある」といった解釈（つまり継続の意味）は不可能で，「怒りが爆発したままになっている」という解釈しかない。「怒りが爆発した」という瞬間的な出来事の結果が現在も続いている，という意味になるわけである。

上に述べた「腹を立てる」と「堪忍袋の緒が切れる」の違いは，「走る」や「死ぬ」などの一般動詞に見られる違いに関係している。

---

[5] 本章で示した日本語の用例は『朝日新聞』（聞蔵 II ビジュアル），および『毎日新聞』と『読売新聞』から収集し，英語の用例は *The New York Times*, *Los Angeless Times*, および *The Washington Post* から収集した。(9) のように，原文をそのまま引用しているものや，(5) のように，筆者が原文に手を加えたものがある（原文：「その父が，娘の朝帰りについに堪忍袋の緒が切れた」）。

たとえば「うさぎが走っている」と「うさぎが死んでいる」という文を比較すると，「走っている」は，うさぎが「走る」という動作をしばらく続けたことを表している。これに対し，「死んでいる」は「死ぬ」という瞬間的な出来事の結果がずっと続いていること，つまり，うさぎが死んだままになっていることを意味する。

　言語学の研究では，「走っている」「働いている」「歌っている」のように「～ている」の形で動作や出来事の継続を表す動詞は「継続動詞」と呼ばれる。一方，「死んでいる」「消えている」「切れている」などのように，「～ている」の形で動作や出来事の結果が続いていること（いわゆる「結果の残存」）を表す動詞は「瞬間動詞」と呼ばれる。「～ている」の形でどのような解釈になるかで，個々の動詞の意味的な特徴が分かるわけである。[6]

　慣用句の話に戻ると，(4) の「腹を立てる」は，「～ている」の形で「怒る」という事態がしばらく続いていることを表している点で，「走る」や「働く」などの継続動詞に類似している。(5) の「堪忍袋の緒が切れる」は，「～ている」の形にしにくい点で，「死ぬ」や「消える」などの瞬間動詞とは違うのだが，「?? 堪忍袋の緒が切れている」と言えないのは，この慣用句が怒りが爆発してしまった瞬間に焦点を絞っているからであり，「爆発」の結果がその後続くかどうかについては無関係であると考えられる。よって，「堪忍袋の緒が切れる」は瞬間動詞に準ずるものとみなすことができる。

　これまで述べたことをまとめると，「腹を立てる」のように「～ている」の形で継続の意味を表す慣用句は〈継続的〉という意味的な特徴を持ち，「堪忍袋の緒が切れる」のように「～ている」の形で用いられない慣用句（あるいは「～ている」の形で出来事の結果が残存することを表す慣用句）は〈瞬間的〉という意味的な特徴を持つ。

---

[6] 動詞と「～ている」の結合によって継続や結果の残存が表されること，つまり動詞が意味する動作や出来事の時間的な側面を「アスペクト（aspect）」と言う。

英語の〈怒り〉の慣用句の中にも，〈継続的〉なものと〈瞬間的〉なものがある。たとえば，(6) の get hot under the collar（襟元が熱くなる）「興奮する，かっかする」と (7) の blow one's stack（自分の煙突を爆発させる）「激怒する，怒りを爆発させる」はこの二つの特徴で区別される。

(6) ○ The season hasn't even started yet and Chiba Lotte Marines manager Bobby Valentine is already getting hot under the collar.
　　（シーズンがまだ始まっていないのに，千葉ロッテマリーンズの監督であるボビー・ヴァレンタインはもう襟元が熱くなってきている）

(7) 　#The season hasn't even started yet and Chiba Lotte Marines manager Bobby Valentine is already blowing his stack.
　　（…ボビー・ヴァレンタインはもう（何回も）自分の煙突を爆発させている）

(6) の動詞句 is getting hot under the collar は，get に「be 動詞 + -ing」がついた現在進行形の表現で，「だんだん怒りの気持ちがこみあげてきている」ことを表している。「ボビー」の怒りがしばらく続いており，動的で進行的なものであると解釈される。したがって，get hot under the collar は〈継続的〉な慣用句であると認められる。

　一方，blow his stack は (7) のように「be 動詞 + -ing」をつけることができるとは言え，怒りの事態が継続するという意味にはならない。((7) に付けた「#」は，この文は言えなくはないが，ここで問題にしている〈継続〉の意味を表さないことを示している。) (7) の is blowing his stack は，上記の日本語訳からも分かるように，「ボビー」が繰り返し怒りを爆発させたことを表している。また，一回一回の「爆発」は，瞬間的な出来事と解釈される。よって，blow one's stack

は〈瞬間的〉な慣用句とみなされる。

　以上のように，日英両言語の〈怒り〉の慣用句の中には，〈継続的〉なものと〈瞬間的〉なものがある。日本語の慣用句に関しては，「腹を立てる」のほかに，「癇癪を起こす」も「〜ている」の形で継続の意味を表すので（たとえば「子どもが癇癪を起こしている」），この慣用句も〈継続的〉である。「腹が立つ」「頭にくる」「はらわたが煮えくり返る」に関しても同様であるが，これらについては，後ほど詳しく述べることにする。一方，「堪忍袋の緒が切れる」は「〜ている」の形を取らず，常に瞬間的な出来事を表しているので，〈瞬間的〉である。

　英語の慣用句に関しては，blow off steam や one's blood boils は
○John is blowing off steam.（ジョンは鬱憤を晴らしている）や
○John's blood was boiling.（ジョンは血が煮えたぎっていた）のように，「be 動詞 + -ing」の形で継続の意味を表す。よって，これらは (6) の get hot under the collar に類似しており，〈継続的〉である。see red（赤を見る）「激怒する」に関しても同様である。

　一方，blow one's stack（自分の煙突を爆発させる）「激怒する，怒りを爆発させる」と fly off the handle（取っ手からすっぽ抜ける）「かっとなる」は，○John blew his stack.（ジョンは激怒した）や ○John flew off the handle.（ジョンはかっとなった）のように，怒りを瞬間的に爆発させることを表し，普通は × John is blowing his stack. や × John is flying off the handle. とは言わない。（先の (7) のように現在進行形で使われた場合でも，瞬間的な出来事を表していると解釈される。）よって，この二つは〈瞬間的〉な慣用句とみなされる。

　ところが，すべての〈怒り〉の慣用句は〈継続的〉なものと〈瞬間的〉なものに分けられるわけではない。たとえば，be hot under the collar（襟元が熱い）「かっかしている」は (8a) のように，現在怒っている状態を表しており，(8b) のように，「be 動詞 + -ing」の形を取らない。

(8) a. ○ John is a little hot under the collar.
　　　（ジョンはちょっと襟元が熱い）
　　b. × John is being a little hot under the collar.
　　　（ジョンはちょっと襟元が熱くなっている）

　(8a) は，現時点におけるジョンの様子を絵のように静的に描いており，つまり彼の怒りが変化せずに続くことを表している。先に述べた get hot under the collar は「怒りがこみ上げてくる」という動的な過程を表すのに対し，(8a) の be hot under the collar は，この過程の結果として成立した静的な状態を表すわけである。したがって，be hot under the collar は〈状態的〉という意味的な特徴を持つと言えそうである。

　(8b) のように進行形が不可能であることからも，この慣用句は〈状態的〉であることがうかがえる。○ John is being foolish. や ○ John is being unreasonable. のように，foolish（愚か）や unreasonable（不合理な）などの形容詞を進行形にすることができる。これらの表現は，「ジョンが愚かな真似をしている」「ジョンが不合理な態度（行動）を取っている」という動作を表しており，〈継続的〉な意味がある。一方，(8b) のように，× John is being hot under the collar. とは言えない。よって be hot under the collar は〈継続的〉ではなく，やはり〈状態的〉であると言える。

　〈怒り〉を表す日本語の慣用句の中にも，〈状態的〉という特徴を持つものがある。たとえば，「腹が立つ」は (9) のように，辞書形（基本形）で現在の意味を表す。

(9) ○ファン，選手を無視したオーナーたちに腹が立つ。

(9) の「腹が立つ」は，話し手が発話の時点（つまり現在）において怒りを抱いていることを表す。辞書形（基本形）で現在の意味を表すことは，「ある」や「できる」などの状態動詞の特徴でもある。たとえば，「うちのリビングにピアノがある」は，「ピアノ」が現時点

でリビングに置いてあることを意味し,「私はフランス語ができる」は,「私」が現時点でフランス語能力を持っていることを意味する。

ところが,「腹が立つ」は (9′) のように,「～ている」の形で用いられた場合も, 話し手が現時点で怒っている様子を表す。

(9′) ○ファン, 選手を無視したオーナーたちに腹が立っている。

この点で,「腹が立つ」は (4) の「腹を立てる」(「うちの前での迷惑駐車に腹を立てている」) に似ており, 状態動詞とは違う。「ある」や「できる」は,「×うちのリビングにピアノがあっている」や「×私はフランス語ができている」のように,「～ている」の形は不可能で, 辞書形のみで現在の意味を表す。しかし,「腹が立つ」は, (9) と (9′) のように, 辞書形で現在の意味を表したり,「～ている」の形で現在の意味を表したりする。よってこの慣用句は〈状態的〉および〈継続的〉という二つの意味的な特徴を持つと言える。

「頭にくる」も,「○彼の傲慢さは頭にくる！」のように辞書形で現在の意味を表す場合や,「○使途不明金には本当に頭にきている」のように「～ている」の形で現在の意味を表す場合がある。「はらわたが煮えくり返る」と「腹に据えかねる」に関しても同様である。よってこれらの慣用句も,「腹が立つ」と同様に,〈状態的〉および〈継続的〉という二つの意味的な特徴がある。(これらの慣用句の「状態性」について, 馬場 (2001) も指摘している。)

一方,「腹を立てる」は, 辞書形では現在の意味は表さない。辞書形で用いられた場合は,「○お父さんはきっと腹を立てるだろう」のように未来の意味になったり,「○この話をすると太郎はいつも腹を立てる」のように, 習慣や傾向の意味になったりする。「×彼の傲慢さに腹を立てる！」とは言えず, (4)「○迷惑駐車に腹を立てている」のように,「～ている」の形でしか現在の意味を表さない。よって「腹を立てる」は〈状態的〉でなく, 先に述べたように〈継続的〉である。なお,「癇癪を起こす」についても同じである。

英語の〈怒り〉の慣用句の中にも, (10) の make one's blood boil

(〜の血を煮えたぎらせる「憤慨させる」) のように，〈状態的〉および〈継続的〉という二つの特徴を持つものがある。

(10) a.　[政府の反犯罪法案が議会で承認されなかったことについて]
　　　　○"It makes my blood boil," Clinton told police officials here.
　　　　（「それが，ぼくの血を煮えたぎらせる」と，クリントンはここの警察幹部に言った）
　　b.　○"It's making my blood boil," Clinton told police officials here.
　　　　（「それが，ぼくの血を煮えたぎらせている」と，クリントンはここの警察幹部に言った）

(10a) の It makes my blood boil. は，クリントンは反犯罪法案が承認されなかったことについて考えるたびに怒りが湧いてくることと，さらに，発話の時点（つまり現在）においても怒りを感じている，という意味を表す。単純現在形で現在の意味を表している点で，(8a) の John is hot under the collar. (「ジョンは襟元が熱い」) に類似しており，〈状態的〉と言える。同時に，(10b) の It's making my blood boil. のように，「be 動詞 + -ing」をつけた形でも現在の意味を表している。この点では，John is blowing off steam. (「ジョンは蒸気を吹き出している」) などの〈継続的〉な慣用句に似ている。よって make one's blood boil は「腹が立つ」や「頭にくる」と同様に，〈継続的〉および〈状態的〉という両方の意味的な特徴を持つと思われる。

　以上述べてきた日本語と英語の〈怒り〉の慣用句の意味的な特徴は表1のようにまとめられる。この表からも分かるように，英語の慣用句には〈継続的〉なものが多く，〈継続・状態的〉なものが少ないのに対し，日本語の慣用句には〈継続・状態的〉なものが多い。このような違いが見られるのは興味深い。

表1 〈怒り〉の時間的な面

意味特徴	日本語の慣用句
	英語の慣用句
〈継続的〉	腹を立てる, 癇癪を起こす
	get hot under the collar, blow/let off steam, one's blood boils, see red
〈瞬間的〉	堪忍袋の緒が切れる
	blow one's stack/top, fly off the handle
〈状態的〉	なし
	be hot under the collar
〈継続・状態的〉	腹が立つ, 頭にくる, はらわたが煮えくり返る, 腹に据えかねる
	make one's blood boil

3 他人に怒る, 自分に怒る

「腹が立つ」や「はらわたが煮えくり返る」などの〈怒り〉の慣用句は, これまで示してきた用例のように, 怒りを感じる人（つまり「主体」）が, 自分以外の人や物事に対して怒ることを述べる場合が多い。たとえば,「うちの前での迷惑駐車に腹を立てている」と「娘の朝帰りに堪忍袋の緒が切れた」において, 主体の怒りの対象は「うちの前での迷惑駐車」と「娘の朝帰り」という, 他人の振る舞いや行動にかかわることである。次の用例に関しても同様である。

(11) ○ファン, 選手を無視したオーナーたちに腹が立つ。(=(9))
(12) ○弟は日朝協議の進展のなさにはらわたが煮えくりかえっていたらしい。

つまり, (11) の「腹が立つ」は, 主体が「オーナーたち」に対して怒っていることを表し, (12) の「はらわたが煮えくりかえる」は「弟」が「日朝協議の進展のなさ」という事態に対して怒ってい

ることを表す。よって「腹を立てる」「堪忍袋の緒が切れる」「腹が立つ」「はらわたが煮えくり返る」には，〈他者向け〉という意味特徴が含まれていると言えそうである。

ところが，「腹が立つ」は次の用例のように，主体が自分自身の振る舞いや行動に怒りを向けることを示す場合がある。

(13) ○チームの雰囲気を変えられない自分に腹が立った。
(14) ○「エースナンバーもらっていたのに，何してるんだ。」自分の醜態に腹が立った。

(13) と (14) の用例は，主体が自分の力不足や見苦しい行動に対して怒ることを描写している。「腹が立つ」は，要するに，他の人や物事に向かって怒ることを表したり ((11))，自分に向かって怒ることを表したりする ((13), (14)) という両方の場合があるのである。

「腹を立てる」や「頭にくる」も，「腹が立つ」と同様に，主体が自分の行動や振る舞いに対して怒ることを表す場合がある。たとえば，相撲の力士が「○自分の相撲内容に腹を立てているのかもしれない」と言ったり，思わず恋に落ちてしまった人が「○こんな奴を好きになった自分に頭にきた」と言ったりする。よって，「腹が立つ」「腹を立てる」「頭にくる」は他人の振る舞いや行動を対象とする場合もしない場合もあることから，〈±他者向け〉という意味的な特徴を持つとみなすことができる。[7]

一方，「はらわたが煮えくり返る」は，「??自分の力のなさにはらわたが煮えくり返っていた」などとは普通は言わない。(12) の「○弟は日朝協議の進展のなさにはらわたが煮えくりかえっていた」のように，主体が怒りの気持ちを自分以外の人や状況に向けること

---

[7] 〈他者向け〉のほかに〈自分向け〉という意味特徴が存在すると考えられるが，本章では，〈＋自分向け〉は〈－他者向け〉に相当すると考え，〈他者向け〉のみを用いることにする。また，「腹が立つ」や「頭にくる」のように，他者に向かって怒ったり自分に向かって怒ったりすることを表す慣用句は〈±他者向け〉であるとする。

しか表さないという制限があるので,〈＋他者向け〉である。なお,「○娘の朝帰りに堪忍袋の緒が切れた」や「○彼女の横柄な態度は腹に据えかねて…」と言えるのに対し,「×自分の朝帰りに堪忍袋の緒が切れた」や「×自分のなさけない態度は腹に据えかねて…」とは言えないことから, この二つの慣用句も〈＋他者向け〉であることが分かる。

　次に英語の〈怒り〉の慣用句を見てみると, (15a) と (15b) の fly off the handle（取っ手からすっぽ抜ける）「かっとなる, 自制心を失う」のように,〈＋他者向け〉のものが多い。

(15) a. ○ Warren flew off the handle at his wife.
 　　　　（ウォレンは妻にかっとなってしまった）
　　 b. ○ Warren flew off the handle at the receiver's fumble.
 　　　　（ウォレンはレシーバーのへまにかっとなってしまった）

上の用例は, それぞれ, 主体の「ウォレン」が「妻」に対して怒ったことと ((15a)), ボールを受け取るべき「レシーバー」のへまに対して怒ったことを表している ((15b))。((15b) の「ウォレン」はアメリカンフットボールのコーチ, あるいは選手と思われる。）これらの例から, fly off the handle は, 他人や, 他人の行動に対して怒ることを描写しやすいことが分かる。

　また, この慣用句は次の (15c) と (15d) のように, 主体が自分に対して怒ることは表さない。

(15) c. × Warren flew off the handle at himself.
 　　　　（ウォレンは自分自身にかっとなってしまった）
　　 d. × Warren flew off the handle at his own fumble.
 　　　　（ウォレンは自分のへまにかっとなってしまった）

(15c) は「ウォレン」が自分に対して怒る文脈で, (15d) は「ウォレン」が自分のへまに対して怒る文脈が設定されているが, fly off the handle はこれらの両方ともにそぐわない。やはり, この慣用句

は〈＋他者向け〉という意味的な特徴を持っている。

　fly off the handle と同様に，もっぱら他人の態度や行いに対する怒りを表す慣用句としては，make one's blood boil（血を煮えたぎらせる）「憤慨させる」や blow one's stack（自分の煙突を爆発させる）「激怒する，怒りを爆発させる」が挙げられる。前者は，○Her carelessness makes my blood boil.（彼女の不注意はぼくの血を煮えたぎらせる）と言えるのに対し，×My carelessness makes my blood boil.（自分の不注意は（自分の）血を煮えたぎらせる）とは言えない。また，後者は，○I blew my stack over what he said.（彼が言ったことに対して怒りを爆発させてしまった）と言えるが，×I blew my stack over what I said.（自分が言ったことに対して怒りを爆発させてしまった）とは言えない。

　さらに，get hot under the collar（襟元が熱くなる）「興奮する，かっかする」や see red（赤を見る）「激怒する」も，他者に対する怒りを表す専用の表現である（紙幅の制限のために用例を省略する）。このように〈＋他者向け〉という意味的な特徴を持つ慣用句が比較的多いことは（p. 188 表2参照），英語の〈怒り〉の慣用句の特徴の一つと言える。

　ただし，人が自分に対して怒ることを表す英語の慣用句がまったくないわけではない。blow off steam（蒸気を吹き出す）「怒りや不満を発散させる」は，〈他者向け〉の怒りを示す場合もあれば，〈自分向け〉の怒りを表す場合もある。次の (16) においては，他人や他人の振る舞いに対する怒りを表している。

(16) a. ○ After the game, Dave blew off some steam at his star player.
（試合が終わってから，デーブは自分のスター選手に不満をぶちまけた）
　　b. ○ After the game, Dave blew off some steam over his star player's poor performance.

(試合が終わってから，デーブはスター選手のまずいプレーに対する<u>不満を発散させた</u>)

(16a) と (16b) は，それぞれ，「デーブ」が「選手」に向かって不満や怒りをぶちまけることと，選手の「まずいプレー」に対して不満や怒りを発散させることを描写している。よって，blow off steam は先の fly off the handle（取っ手からすっぽ抜ける）「かっとなる」に類似しており（(15a)，(15b)），つまり，〈他者向け〉という意味的な特徴を持っている。次の例のように「自分」に怒ることを表さない点でも，fly off the handle に似ている（(15c)）。

(16) c. × After the game, Dave <u>blew off some steam</u> at himself.
　　　　(試合が終わってから，デーブは自分に<u>不満をぶちまけた</u>)

しかし，blow off steam は fly off the handle（(15d)）とは違って，自分の行動や振る舞いなどに対して怒ることを表す場合がある。たとえば，(16d) における blow off steam は「デーブ」が自分の「まずいプレー」に対する不満を発散した，ということを表している，自然な表現である。

(16) d. ○After the game, Dave <u>blew off some steam</u> over his own poor performance.
　　　　(試合が終わってから，デーブは自分のまずいプレーに対する<u>不満を発散した</u>)

よって，blow off steam は〈±他者向け〉という意味的な特徴を持つとみなすことができる。この点で，「腹が立つ」や「頭にくる」などの日本語の慣用句との類似性が認められる。ただし，blow off steam は (16c) のように「自分」に対して怒ることを表現しにくい点で，「○チームの雰囲気を変えられない<u>自分に腹が立った</u>」などと言える慣用句（「腹が立つ」「頭にくる」など）よりも，〈＋他者向け〉の性質がやや強いと言える。

以上述べてきたことを表に示すと，表2のようになる。

表2　〈怒り〉の対象

意味特徴	日本語の慣用句
	英語の慣用句
〈＋他者向け〉	はらわたが煮えくり返る，堪忍袋の緒が切れる，腹に据えかねる
	fly off the handle, blow one's stack/top, make one's blood boil/one's blood boils, get/be hot under the collar, see red
〈±他者向け〉	腹が立つ，腹を立てる，頭にくる，癇癪を起こす
	blow/let off steam

　表2のように，日本語の〈怒り〉の慣用句の中には，「はらわたが煮えくり返る」や「堪忍袋の緒が切れる」などの〈＋他者向け〉のものと，「腹が立つ」や「頭にくる」などの〈±他者向け〉のもの，つまり，他者向けの怒りを表したり，自分向けの怒りを表したりするものがある。一方，英語の慣用句の中には，fly off the handle や blow one's stack などの〈＋他者向け〉のものが圧倒的に多く，〈±他者向け〉という特徴を持つものとしては，blow off steam しか挙げられない。したがって，英語の〈怒り〉の慣用句は日本語のそれよりも〈他者向け〉の傾向が強いと言えそうである。[8]

---

[8] ただし，○ I got really mad at myself.（かなり自分に怒った）などが普通に言えるように，get/be mad（怒る／怒っている）という表現で自分向けの怒りを表す場合がある。get/be mad は慣用句ではないために，本章の考察の対象には含まれていないが，(16d) の blow off steam と並んで〈±他者向け〉の表現とみなされる。

4　心の中の怒り，表に出した怒り

　英語の〈怒り〉の慣用句は，怒る人が自分の怒りを表に出さずに心の中に留めておくか，その気持ちを表情や行動などで明確に表現するかという点で，2種類に分けられる。get hot under the collar（襟元が熱くなる）「興奮する，かっかする」と fly off the handle（取っ手からすっぽ抜ける）「かっとなる，自尊心を失う」を比較すれば，この違いがはっきり分かる。get hot under the collar は，次の（17）や（18）のように，怒りを表出せずに心の中に留めておくことを意味する。

(17) ○Michael Johnson seemed to get hot under the collar when told the last hour of his daytime talk program would be cut.
（マイケル・ジョンソンは自分の昼間のトーク番組の最後の一時間がカットされると告げられたとき，かっかしてきたらしいです）

(18) ○Michael got hot under the collar, but he held his tongue.
（マイケルはかっかしてきたが，口をつぐんだ）

　（17）において，get hot under the collar は seem to（～らしい，～のように思われる）という表現と一緒に使われている。seem to は憶測を示す表現で，（17）の文は，「マイケル」を観察している人が，彼が本当に「かっかしてきた」かどうかを100％確信していない，という意味を示している。よって，この慣用句は，怒る人が周りの人にはっきり分かる形で（つまり，表情や言葉や行動で）自分の怒りを表すという意味を含んでいないことが分かる。

　また，（18）のように，Michael got hot under the collar（マイケルはかっかしてきた）に続いて，but he held his tongue（しかし，口をつぐんだ）と言うことができる。後ろの文は，「マイケル」が自分の怒りを口に出さずにずっと黙っていたことを表す。このように get hot under the collar（かっかする）と hold one's tongue（口をつぐ

む) という二つの状況が同時に成立することからも，get hot under the collar は人が怒りを心の中に留めておくことを示すことがうかがえる。

一方，fly off the handle（取っ手からすっぽ抜ける）「かっとなる」は，(17) と (18) のような文で用いることはできない。

(17′) × Michael Johnson seemed to fly off the handle ...
  (... マイケル・ジョンソンはかっとなったらしいです)
(18′) × Michael flew off the handle, but he held his tongue.
  (マイケルはかっとなったが，口をつぐんだ)

(17′) のように，× seemed to fly off the handle（かっとなったらしい）という表現はおかしい。seem to のような憶測を示す表現と一緒に使えないことは，この慣用句が，人が表情や言葉などで自分の怒りを明確に表出するという意味を含んでいることを示唆する。逆に言えば，fly off the handle は人が怒鳴ったり暴れたりして心の中の怒りを表に出すことを意味しているために，seemed to という憶測や確信のない判断を表す表現と一緒に使うとおかしくなるわけである。

また，(18′) が言えないのは，Michael flew off the handle（マイケルはかっとなった）という前の文が，but he held his tongue（しかし，口をつぐんだ）という後ろの文と矛盾していると感じられるからである。flew off the handle（かっとなった）と言ってから but he held his tongue（しかし，口をつぐんだ）と言えないのは，fly off the handle は hold one's tongue（口をつぐむ）とは反対に，人が心の中の怒りを言葉で表出するという意味を含んでいるためである。

これまで述べてきたことをまとめると，英語の〈怒り〉の慣用句には〈表出性〉という意味的な特徴があると言える。get hot under the collar（襟元が熱くなる）「興奮する，かっかする」は，(17) と (18) のように怒りを表出せずに心の中に留めておくことを表しており，〈－表出性〉という特徴を持つと認められる。これに対して，

fly off the handle（取っ手からすっぽ抜ける）「かっとなる，自尊心を失う」は，(17′)と(18′)のように心の中の怒りを言葉や行動などで表現することを示すので，〈＋表出性〉である。

なお，blow one's stack（自分の煙突を爆発させる）「激怒する，怒りを爆発させる」やblow off steam（蒸気を吹き出す）「怒りや不満を発散させる」は先のfly off the handleと同様に，(17)や(18)のような文脈で用いられない。よって，これらも〈＋表出性〉という意味的な特徴を持つ。それに対して，one's blood boils（血が煮えたぎる）「憤慨する」やsee red（赤を見る）「激怒する」はget hot under the collarと同様に〈－表出性〉である。

日本語の〈怒り〉の慣用句も，英語の慣用句と同じように，〈－表出性〉のものと〈＋表出性〉のものに分けられる。たとえば，「はらわたが煮えくり返る」は，以下に示すように，〈－表出性〉である。

(19) ○弟は日朝協議の進展のなさにはらわたが煮えくりかえっていたらしい。(＝(12))
(20) ○はらわたが煮えくりかえっているが，自分では口に出せないという人は，ぜひ私のところに連絡して欲しいと思います。

「はらわたが煮えくり返る」は(19)のように，「～らしい」という表現を伴うことがある。実際，(19)のように「弟」などの三人称名詞が主語に来た場合は，「?? 弟ははらわたが煮えくりかえっていた」のような言い切りの表現は不自然で，「弟ははらわたが煮えくりかえっていたらしい」((19))や「次郎ははらわたが煮えくり返ったようだ」のように，「～らしい」や「～ようだ」などの，憶測や確信度の低い様子を表す表現をつけなければ自然な表現にならない。[9]

---

[9] 小説などにおいては，語り手が登場人物の心的な状況をすべて把握しているかのように述べることがある（いわゆる「全知の語り手」）。この場合は，「弟ははらわたが煮えくりかえっていた」のような言い切りの表現は問題なく使える。

よって，この慣用句は怒りを表に出すという意味を含んでいないことが分かる。

　また，(20) のように，「はらわたが煮えくりかえっている」の次に「... が，自分では口に出せない」と言うことができる。後ろの文は，「人」が心の中の怒りを言葉で表現できない様子を示しており，「はらわたが煮えくり返っている」状況と「怒りを言葉で表現できない」状況が両者とも同時に成立している。よって，この慣用句はやはり，人が心の中に怒りを留めておくことを意味するのである。

　「はらわたが煮えくり返る」とは違って，「癇癪を起こす」は先の (19) や (20) のような文脈では用いられない。

(19′) #弟は日朝協議の進展のなさに癇癪を起こしていたらしい。
(20′) ×癇癪を起こしているが，自分では口に出せないという人は，ぜひ私のところに連絡して欲しいと思います。

(19′) のように，「弟は癇癪を起していたらしい」と言えないことはないが，この文の解釈は，先の (19) の解釈とは違う。話し手が「弟が癇癪を起こしていた」ことを人から伝え聞いた，という解釈であり（いわゆる「伝聞」），話し手が「弟」の様子を直接観察して「癇癪を起こしているように見えた」という意味にはならない。「癇癪を起こす」は「〜らしい」や「〜ようだ」を伴っても，憶測の意味にならないのである。また，憶測の意味にならないのは，「癇癪を起こす」が「怒鳴ったり暴れたりして怒りを表に出す」という意味を含んでいるからだと思われる。つまり，人が癇癪を起こしているかどうかは，第三者にとって判断しやすいことで，敢えて憶測の表現を使う必要はないのである。

　また，(20′) のように「×癇癪を起こしているが，自分では口に出せない」と言えないのは，後ろの文が前の文と矛盾しているため

しかし日常会話やノンフィクションの文章においては，「〜らしい」や「〜ようだ」を加えることが普通である。

である。「癇癪を起こす」ことと「怒りを言葉で表現しない（できない）」ことが矛盾しているわけだが，これも，「癇癪を起こす」が言葉を発したりして心の中の怒りを表明するという意味を持っていることを示す。

　先の (19)-(20′) の考察から，「はらわたが煮えくり返る」は〈−表出性〉という意味的な特徴を持つのに対し，「癇癪を起こす」は〈＋表出性〉を持つことが分かる。また，「はらわたが煮えくり返る」のほかに，「頭にくる」「腹が立つ」「腹を立てる」「腹に据えかねる」も (19) と (20) の文脈で用いられるので，これらも〈−表出性〉とみなされる。一方，「癇癪を起こす」のように (19) や (20) の文脈にそぐわない慣用句としては，「堪忍袋の緒が切れる」が挙げられる。

　以上，本節で述べてきたことは，表3のようにまとめられる。

表3　〈怒り〉を表に出すかどうか

意味特徴	日本語の慣用句
	英語の慣用句
〈＋表出性〉	癇癪を起こす，堪忍袋の緒が切れる
	fly off the handle, blow one's stack/top, blow/let off steam
〈−表出性〉	はらわたが煮えくり返る，頭にくる，腹が立つ，腹を立てる，腹に据えかねる
	get/be hot under the collar, make one's blood boil/one's blood boils, see red

　表3から分かるように，日英両言語の〈怒り〉の慣用句の中には，〈＋表出性〉のものと〈−表出性〉のものがある。「癇癪を起こす」と「堪忍袋の緒が切れる」は〈＋表出性〉であり，この点で fly off the handle（取っ手からすっぽ抜ける）「かっとなる」や blow one's stack（自分の煙突を爆発させる）「激怒する，怒りを爆発させる」との共

通性がある。一方,「はらわたが煮えくり返る」や「腹が立つ」は〈−表出性〉であり, get hot under the collar（襟元が熱くなる）「かっかする」や one's blood boils（血が煮えたぎる）「憤慨する」に似ている。なお, 本章で取り上げた表現に限って言えば, 日本語の〈怒り〉の慣用句は〈＋表出性〉のものよりも〈−表出性〉のものが比較的多いと言えそうである。

5　日英語の〈怒り〉の慣用句の対応関係と翻訳の問題

これまでの考察で, 日本語と英語それぞれの言語における〈怒り〉の慣用句の区別には,〈継続的〉や〈瞬間的〉, また〈他者向け〉などの意味的な特徴がかかわっていることを示した。表4のように,「はらわたが煮えくり返る」や one's blood boils（血が煮えたぎる）「憤慨する」などの個々の慣用句がこのような意味的な特徴のうちどれとどれを持つかを整理して比較すれば, それぞれの日英語の慣用句の対応関係が見えてくる。

表4　日英語の〈怒り〉の慣用句の対応関係 (1)

慣用句 意味特徴	〈継続的〉〈瞬間的〉〈状態的〉	〈他者向け〉	〈表出性〉
はらわたが煮えくり返る	継続・状態的	＋	−
make one's blood boil	継続・状態的	＋	−
one's blood boils	継続的	＋	−

表4のように,「はらわたが煮えくり返る」は〈継続・状態的〉,〈＋他者向け〉, および〈−表出性〉という意味的な特徴を持っており, one's blood boils（血が煮えたぎる）「憤慨する」と make one's blood boil（血を煮えたぎらせる）「憤慨させる」という英語の慣用句との重なりが大きい。よって,「はらわたが煮えくり返る」を英語で

表現するとき，one's blood boils を使ったり，make one's blood boil を使ったりする場合があると予測される。実際，次の例のように，one's blood boils は「はらわたが煮えくり返る」の訳語として適切である場合が多い。

(21) ○弟は日朝協議の進展のなさに<u>はらわたが煮えくりかえっていた</u>らしい。(＝(12), (19))

   My younger brother looked as if <u>his blood was boiling</u> at the lack of progress in the Japan-North Korea talks.

(21)に示した英訳は日本語の原文と同様に，「弟」が心の中で「日朝協議の進展のなさ」という状況に対して激しい怒りを抱いていた様子を描いている。原文も英訳も同じことを表していると解釈されるので，one's blood boils はやはり，この文脈における「はらわたが煮えくり返る」に対応していることが分かる。

 ところが，次の例においては，one's blood boils よりも make one's blood boil のほうが「はらわたが煮えくり返る」の訳語として適している。

(22) ○「あの男は人々を飢えさせている。<u>はらわたが煮えくり返る</u>」と酷評した。

   "That man is making people starve. <u>It makes my blood boil</u>," he said bitterly.

(22)における「<u>はらわたが煮えくり返る</u>」は，動詞の辞書形（基本形）となっており，話し手（話している人）が現在激しく怒っていることを意味する。2節で述べたように，基本形で現在の意味を表す動詞や動詞句は，〈状態的〉という意味的な特徴を持つ。ところが，表4のように，one's blood boils は〈状態的〉という特徴を持たない。よって(22)の英訳としては×"<u>My blood boils</u>," he said bitterly. とは言えない。

 しかし，make one's blood boil は〈状態的〉という意味的特徴

を持っており（表4），(22) の "It makes my blood boil" のように，単純現在形で現在の意味を表す。この英訳は，日本語の原文と同じように，話し手が現在心の中で「あの男が人々を飢えさせている」ことに対して激しく怒っていることを意味する。よって，「はらわたが煮えくり返る」と make one's blood boil の間にも，対応関係が認められる。

表5 日英語の〈怒り〉の慣用句の対応関係 (2)

慣用句	意味特徴 〈継続的〉〈瞬間的〉〈状態的〉	〈他者向け〉	〈表出性〉
堪忍袋の緒が切れる	瞬間的	＋	＋
blow one's stack/top	瞬間的	＋	＋

また，表5のように，「堪忍袋の緒が切れる」と blow one's stack（自分の煙突を爆発させる）「激怒する，怒りを爆発させる」は両者とも〈＋瞬間的〉，〈＋他者向け〉，および〈＋表出性〉という共通の意味的な特徴を持っており，互いに対応している。よって，「堪忍袋の緒が切れる」を blow one's stack で訳したり，blow one's stack を「堪忍袋の緒が切れる」で訳したりできる場合が多いと思われる。確かに，次の用例のように，「堪忍袋の緒が切れる」を blow one's stack と訳すと自然で正確な表現になる。

(23) ○ラムズフェルド米国防長官は「バグダッドは無法地帯」という報道を聞いたとき，堪忍袋の緒が切れた。
When American Secretary of Defense Rumsfeld heard the report that "Baghdad is a lawless area," he blew his stack.

(23) に示した英訳は原文と同様に，「ラムズフェルド」が問題の「報道」を聞いたことがきっかけで，それまで溜まっていた怒りを

爆発させてしまったことを述べている。意味の面では,「堪忍袋の緒が切れる」と blow one's stack はほぼ完全に対応していると言える。

一方,構成語の面ではまったく違う。「切れる」に対応する英語の動詞は blow(爆発させる)ではなく,snap や break である。また,「堪忍袋」に当たる英語の表現は存在しない。しかし,これにもかかわらず,「堪忍袋の緒が切れる」と blow one's stack は先の表5や(23)のように,意味の面ではほぼ完全に対応する。ここで興味深いのは,日英両言語の慣用句間の意味的な対応が必ずしも構成語の対応を伴わない点である。次に述べる例からもうかがえるように,構成語間の対応がない場合のほうがむしろ多い。

表6　日英語の〈怒り〉の慣用句の対応関係 (3)

慣用句 \ 意味特徴	〈継続的〉〈瞬間的〉〈状態的〉	〈他者向け〉	〈表出性〉
腹が立つ	継続・状態的	±	−
腹を立てる	継続的	±	−
get hot under the collar	継続的	+	−
be hot under the collar	状態的	+	−

また,「堪忍袋の緒が切れる」と blow one's stack のように完全に対応している〈怒り〉の慣用句がある一方で,表6のように,部分的に重なっているものもある。たとえば,「腹が立つ」と get hot under the collar(襟元が熱くなる)「興奮する,かっかする」は両者とも〈−表出性〉である点で似通っているが,「腹が立つ」は〈継続・状態的〉と〈±他者向け〉であるのに対し,get hot under the collar は〈継続的〉と〈+他者向け〉である。「腹が立つ」のほうは get hot under the collar よりも意味の幅が広い。よって,get hot under the collar を「腹が立つ」と訳せる場合が多いのに対して,「腹が立つ」

をget hot under the collarと訳せない場合があると予測される。次の (24) の文脈における「腹が立つ」は，get hot under the collarと訳すことができる。

(24) ○西岡さんは冗談でも他人から「日本一ボロい球場だな」と言われると，腹が立った。
○Nishioka-san got hot under the collar when other people said, "It's the shabbiest ballpark in Japan," even in jest.

(24) の英訳は原文と同じように，「西岡さん」が他人に言われたことで内心激しく怒った様子を表している。よってこの文脈においては，get hot under the collarは「腹が立つ」の訳語として適切である。

一方，次の (25) の「腹が立つ」はget hot under the collarと訳せない。

(25) ○「エースナンバーもらっていたのに，何してるんだ」。自分の醜態に腹が立った。(=（14))
×"What the heck am I doing, after getting picked as ace [pitcher] and everything ..." I got hot under the collar at my own sorry condition.

上の用例は，野球の投手がケガのために重要な試合に参加できなくなってしまった文脈で，この投手が「自分の醜態」に対して怒りや不満を抱いていることが示されている。「腹が立つ」は「チームの雰囲気を変えられない自分に腹が立った」((13))や，「自分の醜態に腹が立った」((25))のように，人が自分や自分の振る舞いに対して怒ることを表す場合があり，〈±他者向け〉という意味的な特徴を持つ。一方，get hot under the collarは〈＋他者向け〉で，自分や自分の振る舞いに対する怒りを示すことが不可能である。(25) における「腹が立つ」の訳語としてget hot under the collarが適していないのは，この意味的な特徴のためである。

なお，(25) の「自分の醜態に腹が立った」を英語で表現するならば，I got exasperated at my own sorry condition のような表現，つまり，慣用句でない表現を用いなければならないことになる．

むすび

　最後に，日本語と英語の〈怒り〉の慣用句の対応関係について二，三触れておく．まず，本章で示した意味的な特徴だけでは〈怒り〉の慣用句同士の違いを区別できない場合がある．たとえば，これまでの考察に限って言えば，fly off the handle（取っ手からすっぽ抜ける）「かっとなる」は blow one's stack（自分の煙突を爆発させる）「激怒する，怒りを爆発させる」と同様に〈瞬間的〉，〈＋他者向け〉，および〈＋表出性〉という意味的な特徴を持っている（表1〜3）．よって，「堪忍袋の緒が切れる」に対応する英語の慣用句としては（表5），blow one's stack のほかに，fly off the handle も候補になるはずである．

　しかし，次の (27) のように，blow one's stack と fly off the handle とでは意味が異なっている部分があり，(26) の「堪忍袋の緒が切れる」の訳語として blow one's stack が用いられる文脈において fly off the handle は用いられない場合がある．

(26) ○父は，娘の連日の朝帰りについに堪忍袋の緒が切れた．
(27) a.○The father finally blew his stack over his daughter's staying out all night so many times in a row.
　　 b.×The father finally flew off the handle over his daughter's staying out all night so many times in a row.

　(26) の「堪忍袋の緒が切れる」は，「父」が「娘の連日の朝帰り」をしばらく我慢したものの，いよいよ我慢できなくなり，怒りを爆発させてしまった，ということを表している．「ついに」という副詞をつけられることから，この慣用句の意味に「しばらく我慢してか

ら」という〈過程〉が含まれていることが分かる。

　この英訳である (27a) の blow one's stack は，finally (ついに，とうとう) という副詞を伴っており，(26) の「堪忍袋の緒が切れる」とほぼ同じ意味を示している。一方，(27b) のように，×The father finally flew off the handle. とは言えない。fly off the handle の意味が，finally の意味と食い違っているわけだが，これは，fly off the handle が「しばらく我慢してから怒る」という意味，つまり〈過程〉の意味を持っておらず，「急に怒り出す」という意味を持つからだと考えられる。[10]

　以上のように，blow one's stack と fly off the handle の間に意味的な違いがあり，blow one's stack のほうが「堪忍袋の緒が切れる」に近い。この違いにかかわっている意味的な特徴，および日英語の〈怒り〉の慣用句にかかわるその他の意味的な特徴については，筆者が別のところで詳しく述べている (Ishida (2008))。本章では，日本語と英語の慣用句の比較対照の方法を示すために，取りあえず，以上取り上げた三つの意味的な特徴(群)を中心に述べてきたのである。

　また，本章では，日英語の慣用句間の意味的な対応を中心に扱ってきたが，意味の面で互いに対応している慣用句でさえ，その他の面では対応しないという場合がある。たとえば，「腹が立つ」と get hot under the collar (襟元が熱くなる)「かっかする」は先の (24) のように，意味的な対応が認められる。しかし，この二つの使用頻度を比較すると，「腹が立つ」はかなりよく使われているのに対し，get hot under the collar は使用頻度がやや低い。よって，「腹が立つ」を get hot under the collar と訳したら，原文にごく一般的な表現が使われているのに対し，英訳のほうにはやや特殊な表現が使わ

---

　[10] fly off the handle は，All of a sudden he flew off the handle. (彼は急にかっとなった) のように，all of a sudden (突然に，急に) や suddenly (突然，急に) などの副詞とともに用いられやすい。このことからも，「急に怒り出す」という意味を持つことがうかがえる。

れているという違いが生じる。

　さらに，日英語それぞれの慣用句が「話し言葉的」なのか「書き言葉的」なのか，つまり言葉の使用領域にかかわる違いがある場合もある。たとえば「薄氷を踏む」と skate on thin ice（薄い氷の上を（スケートで）滑る）「危ない立場にある，危険な状況にのぞむ」は意味の面では互いに対応するが，「薄氷を踏む」はやや改まった「書き言葉的な」表現であるのに対し，skate on thin ice はくだけた「話し言葉的な」表現である。よって，互いの訳語として使うとニュアンスの違いが生じることになる。場合によっては誤訳となる可能性もある。よって二ヶ国語辞典でも盛り込みたい情報である。

　さらにまた，新聞や広告においては，言葉の遊びとして慣用句を使ってダジャレや語呂合わせを作ることがある。たとえば，「WWF は日本の捕鯨に目くじらを立てる」（『朝日新聞』）のように，「目くじらを立てる」という慣用句を「捕鯨」の問題に関する新聞の記事で使うことがある。この慣用句の構成要素である「くじら」を捕鯨の「鯨(くじら)」にかけ，同音意義によるダジャレを生み出すという用法である（「目くじら」は，「目じり」のことである）。このようなダジャレや語呂合わせがある場合には，原文の慣用句を訳すことが難しい，あるいは不可能な場合が多い。[11]

　日英語の慣用句の対応関係を明らかにするためには，個々の表現の意味だけでなく，上に述べたような要因，つまり使用頻度や使用領域なども比較することが望ましい。しかしながら，さまざまな要因の「対応関係」の中にも，意味的な対応は特に重要である。本章で示した比較対照の方法を用いることにより，日本語や英語，またその他のさまざまな言語における慣用句の意味的な共通点と相違点

---

[11]「目くじらを立てる」に完全に対応する英語の慣用句は存在せず，たとえ The WWF raises its eyebrows at Japanese whaling. のようにこの表現に似通った意味を表す raise one's eyebrows（眉をあげる）「非難や驚きを表す」を上記の新聞見出しの英訳に使っても，原文の「二重の意味」やユーモアは伝わらない。

を明らかにし，複数の言語における慣用句間の複雑な対応関係を正確にとらえることができる。なお，このように明らかにした意味的な特徴や対応関係は，翻訳や通訳においてのみならず，外国語教育や慣用句辞典の作成にも大いに参考になるものと期待できる。これらの問題に関しては，機会を改めて述べることにしたい。

参考文献

飛鳥博巨（1982）「日本語動詞慣用句の階層性」『言語』第 11 巻第 13 号, 72-81.
馬場典子（2001）「『怒りを表す動詞（句）』の分類とその特徴」『日本語文法』第 1 巻第 1 号, 159-176.
板東美智子・松村宏美（2001）「第三章　心理動詞と心理形容詞」『日英対照　動詞の意味と構文』, 影山太郎（編）, 69-97, 大修館書店, 東京.
文化庁（Agency for Cultural Affairs）「国語に関する世論調査の結果について」http://www.bunka.go.jp/kokugo_nihongo/yoronchousa/（最終閲覧 2014 年 9 月 15 日）
Chafe, W. L. (1968) "Idiomaticity as an Anomaly in the Chomskyan Paradigm," *Foundations of Language* 4, 109-125.
Colson, J.-P. (2008) "Cross-linguistic Phraseological Studies: An Overview," *Phraseology: An Interdisciplinary Perspective*, ed. by S. Granger and F. Meunier, 191-206, John Benjamins, Amsterdam.
Dobrovol'skij, D. (1998) "Russian and German Idioms from a Contrastive Perspective," *Contrastive Lexical Semantics*, ed. by E. Weigand, 227-242, John Benjamins, Amsterdam.
Dobrovol'skij, D. (2000) "Contrastive Idiom Analysis: Russian and German Idioms in Theory and in the Bilingual Dictionary," *International Journal of Lexicography* 13:3, 169-186.
Dobrovol'skij, D. (2011) "Cross-linguistic Equivalence of Idioms: Does it Really Exist?" *Linguo-cultural Competence and Phraseological Motivation*, ed. by A. Pamies and D. Dobrovol'skij, 7-24, Schneider Verlag Hohengehren, Baltmannsweiler.
Dobrovol'skij, D. and E. Piirainen (2005) *Figurative Language: Crosscultural and Cross-linguistic Perspectives*, Elsevier, Amsterdam.
Fernando, C. (1996) *Idioms and Idiomaticity*, Oxford University Press, Oxford.
Fraser, B. (1970) "Idioms Within A Transformational Grammar," *Foundations of Language* 6:1, 22-42.

Gibbs, R. W. and G. P. Gonzales (1985) "Syntactic Frozenness in Processing and Remembering Idioms," *Cognition* 20, 243–259.

Gibbs, R. W. and N. P. Nayak (1989) "Psycholinguistic Studies on the Syntactic Behavior of Idioms," *Cognitive Psychology* 21, 100–138.

Hasada, R. (2002) "'Body Part' Terms and Emotion in Japanese," *Pragmatics & Cognition* 10:1/2, 107–128.

Irujo, S. (1986) "A Piece of Cake: Learning and Teaching Idioms," *English Language Teaching Journal* 40:3, 236–242.

Irujo, S. (1993) "Steering Clear: Avoidance in the Production of Idioms," *International Review of Applied Linguistics in Language Teaching* 31:3, 205–219.

石田プリシラ (1998)「慣用句の変異形について──形式的固定性をめぐって」『筑波応用言語学研究』第5号（筑波大学文芸・言語研究科応用言語学コース），43-56．

石田プリシラ (2000)「動詞慣用句に対する統語的操作の階層関係」『日本語科学』第7号（国立国語研究所），24-43．

石田プリシラ (2003a)「慣用句の意味を分析する方法」『日本語と日本文学』第37号（筑波大学国語国文学会），13-26．

石田プリシラ (2003b)「慣用句の意味分析──《驚き》を表わす動詞慣用句・一般動詞を中心に」『筑波応用言語学研究』第10号（筑波大学人文社会科学研究科文芸・言語専攻応用言語学領域），1-16．

石田プリシラ (2004)「動詞慣用句の意味的固定性を計る方法──統語的操作を手段として」『国語学』第55巻第4号，42-56．

Ishida, P. (2008) "Contrastive Idiom Analysis: The Case of Japanese and English Idioms of Anger," *Phraseology: An Interdisciplinary Perspective*, ed. by S. Granger and F. Meunier, 275–291, John Benjamins, Amsterdam.

石綿敏雄 (1996)「対照研究の意義」『日本語学』第15巻第8号，118-124．

石綿敏雄・高田誠 (1990)『対照言語学』桜楓社，東京．

伊藤眞 (1989)「Phraseologie をめぐる諸問題」『福岡大学人文論叢』第21巻第1号，385-411．

伊藤眞 (1990)「慣用句とその Variation」『福岡大学人文論叢』第22巻第2号，331-348．

伊藤眞 (1992)「慣用句対照研究──日・独慣用句の対応関係」『言語文化論文集』第36号（筑波大学現代語・現代文化学系），155-169．

伊藤眞（1997a）「日独慣用句の具象性と意味機能」『Rhodus』第13号（筑波ドイツ文学会），118-130.
伊藤眞（1997b）「言語の具象性・比喩性・受動性――日・独慣用句をめぐって」『ヴォイスに関する比較言語学的研究』，筑波大学現代言語学研究会（編），249-297，三修社，東京.
伊藤眞（1999a）「慣用句的意味の成立要因について」『Rhodus』第15号，185-197，筑波ドイツ文学会.
伊藤眞（1999b）「構成要素の比喩的意味について――日独慣用句の身体部位を中心に」『東西言語文化の類型論特別プロジェクト研究報告書平成10年度Ⅱ』，筑波大学東西言語文化の類型論特別プロジェクト研究組織（編），763-788.
Jacobsen, W. M. (1991) *The Transitive Structure of Events in Japanese*, Kurosio, Tokyo.
賈恵京・吉田則夫（2006）「身体語を含む慣用句についての日韓対照研究――『目』の場合」『岡山大学教育学部研究集録』第132号, 115-121.
Katz, J. J. (1973) "Compositionality, Idiomaticity, and Lexical Substitution," *A Festschrift for Morris Halle*, ed. by S. R. Anderson and P. Kiparsky, 357-376, Holt, Rinehart and Winston, New York.
「携帯辞書代わり」2007年9月8日『毎日新聞』朝刊.
金田一春彦（1950）「国語動詞の一分類」『言語研究』第15号［金田一春彦（編）(1976)『日本語動詞のアスペクト』5-26，むぎ書房 に再録］.
北原保雄（編）（2007）『問題な日本語3』大修館書店.
Kövecses, Z. (1986) *Metaphors of Anger, Pride, and Love*, John Benjamins, Amsterdam.
国広哲弥（1985）「慣用句論」『日本語学』第4巻第1号，4-14.
国広哲弥（1997）『理想の国語辞典』大修館書店，東京.
林八龍（2002）『日・韓両国語の慣用的表現の対照研究――身体語彙慣用句を中心として』明治書院，東京.
Liu, D. (2008) *Idioms: Description, Comprehension, Acquisition, and Pedagogy*, Routledge, London/New York.
町田健（1989）『日本語の時制とアスペクト』（NAFL選書9），アルク，東京.
マドラ出版（1996）「からだことば体力検定」『広告批評』第198号，22-34.
Makkai, A. (1972) *Idiom Structure in English*, Mouton, The Hague.
Matsuki, K. (1995) "Metaphors of Anger in Japanese," *Language and*

the Cognitive Construal of the World, ed. by J. Taylor and R. Mac-Laury, 137-151, Mouton, Berlin.
McVeigh, B. (1996) "Standing Stomachs, Clamoring Chests and Cooling Livers: Metaphors in the Psychological Lexicon of Japanese," *Journal of Pragmatics* 26, 25-50.
宮地裕 (1974)「『成句』の分類」『語文』第32輯, 113-121, 大阪大学文学部国語学国文学研究室.
宮地裕 (1977)「慣用句と連語成句」『日本語教育』第33号, 1-10.
宮地裕 (1982a)「動詞慣用句」『日本語教育』第47号, 91-102.
宮地裕 (1982b)「慣用句解説」『慣用句の意味と用法』宮地裕(編), 237-265, 明治書院, 東京.
宮地裕 (1985)「慣用句の周辺――連語・ことわざ・複合語」『日本語学』第4巻第1月号, 62-75.
宮地裕 (1986)「日本語慣用句考」『日本語・日本文化研究論集』共同研究論集第3輯, 1-25, 大阪大学文学部.
宮地裕 (1989)「日本語基本慣用句二〇〇句」『奥村三雄教授退官記念国語学論叢』, 奥村三雄教授退官記念論文集刊行会(編), 127-145, 桜楓社, 東京.
宮地裕 (1991)「慣用句の意味」『「ことば」シリーズ34 言葉の意味』, 文化庁(編), 65-76, 凡人社, 東京.
宮地裕 (1999)「第三章 慣用句の表現」『敬語・慣用句表現論――現代語の文法と表現の研究 (二)』, 213-339, 明治書院, 東京.
籾山洋介 (1997)「慣用句の体系的分類――隠喩・換喩・提喩に基づく慣用的意味の成立を中心に」『名古屋大学国語国文学』第80号, 29-43.
Moon, R. (1998) *Fixed Expressions and Idioms in English: A Corpus-Based Approach*, Oxford University Press, Oxford.
森野宗明 (1991)「女性語の歴史」『講座日本語と日本語教育10 日本語の歴史』, 辻村敏樹 (編), 225-248, 明治書院, 東京.
森田良行 (1966)「慣用的な言い方」『講座日本語教育』第2分冊, 61-78, 早稲田大学語学教育研究所.
森田良行 (1985)「動詞慣用句」『日本語学』第4巻第1号, 37-44.
森田良行 (1989)「ケース16 慣用句」『ケーススタディ日本語の語彙』, 森田良行・村木新次郎・相澤正夫(編), 110-115, 桜楓社, 東京.
森田良行 (1994)『動詞の意味論的文法研究』明治書院, 東京.
森山卓郎 (1987)「ケース22 慣用句」『ケーススタディ日本文法』, 寺村秀夫・鈴木泰・野田尚史・矢沢真人(編), 124-129, 桜楓社, 東京.

村木新次郎 (1985)「慣用句・機能動詞結合・自由な語結合」『日本語学』第4巻第1号, 15-27.

村木新次郎 (1991)『日本語動詞の諸相』ひつじ書房, 東京.

Newmeyer, F. J. (1974) "The Regularity of Idiom Behavior," *Lingua* 34:4, 327-342.

Nunberg, G., I. A. Sag and T. Wasow (1994) "Idioms," *Language* 70:3, 491-538.

大坪喜子 (1971)「変形文法におけるイディオムの扱いについて」『英語学』第6号, 164-174.

尾崎紅葉 (1898-1903/1976)『金色夜叉 (中編)』春陽堂版.

Reagan, R. T. (1987) "The Syntax of English Idioms: Can the Dog Be Put On?" *Journal of Psycholinguistic Research* 16:5, 417-441.

Schenk, A. (1995) "The Syntactic Behavior of Idioms," *Idioms: Structural and Psychological Perspectives*, ed. by M. Everaert, E.-J. van der Linden, A. Schenk and R. Schreuder, 253-271, Lawrence Erlbaum, Hillsdale, NJ.

白石大二 (1969)「解説　慣用句論」『国語慣用句辞典』, 白石大二 (編), 3-82, 東京堂出版, 東京.

白石大二 (1977)「解説　国語慣用句とその研究のもたらすもの」『国語慣用句大辞典』, 白石大二 (編), 525-593, 東京堂出版, 東京.

Tagashira, Y. (1973) "Verb Phrase Idioms in Japanese," *Papers in Japanese Linguistics* 2:1, 82-93, Japanese Linguistics Workshop, Department of Linguistics, University of California, Berkeley, CA.

高田誠 (1996)「対照研究の方法」『日本語学』第15巻第8号, 126-131.

高橋由美子 (1983)「イディオムと変形規則」『英語学』第25号, 90-103.

高木一彦 (1974)「慣用句研究のために」『教育国語』第38号, 2-21.

高木一彦 (2005)「慣用句と連語」『国文学　解釈と鑑賞』第7号, 141-153.

植田康成 (1994)「日独イディオム対照の視点」『広島大学文学部紀要』第54号, 193-210.

植田康成 (2003)『ドイツ語イディオム学習・教授法に関する総合的研究——日独イディオム比較・対照研究の視点から』現代図書, 相模原.

Weinreich, U. (1969) "Problems in the Analysis of Idioms," *Substance and Structure of Language*, ed. by J. Puhvel, 23-81, University of California Press, Berkeley/Los Angeles.

「4人に3人誤って使用　国語世論調査」2006年7月27日『毎日新聞』朝刊.

辞書・辞典

『アクセス独和辞典　第3版』在間進(編)(2010) 三修社.
Collins Cobuild Dictionary of Idioms, 2nd ed. (2002), HarperCollins Publishers.
Collins Cobuild Dictionary of Idioms, 3rd ed. (2012), HarperCollins Publishers.
Duden Redewendungen: Wörterbuch der deutschen Idiomatik (2008), ed. by W. Scholze-Stubenrecht and W. Worsch, Dudenverlag, Mannheim.
『英和イディオム完全対訳辞典』ジャン マケーレブ・岩垣守彦(編)(2003) 朝日出版社.
『標準ことわざ慣用句辞典』雨海博洋(監修)(1988) 旺文社.
『ジーニアス英和辞典　第3版』(2001) 大修館書店.
『慣用句の意味と用法』宮地裕(編)(1982) 明治書院.
『研究社−ロングマン イディオム英和辞典』東信行・諏訪部仁(訳編)(1989) 研究社.
『故事ことわざ辞典』鈴木棠三・広田栄太郎(編)(1956) 東京堂出版.
『国語慣用句大辞典』白石大二(編)(1977) 東京堂出版.
『国語慣用句辞典』白石大二(編)(1969) 東京堂出版.
『広辞苑　第5版』(1998) 岩波書店.
『広辞苑　第6版』(2008) 岩波書店.
『クラウン独和辞典　第4版』濱川祥枝(監修)(2008) 三省堂.
Longman American Idioms Dictionary (1999), Pearson Education.
Longman Dictionary of English Idioms (1979), Longman Group UK.
The Macmillan Book of Proverbs, Maxims, and Famous Phrases (1976 [1948]), selected and arranged by B. Stevenson, Macmillan Publishing Company, New York.
『日本語「語源」辞典』学研辞典編集部(編) (2004) 学習研究社.
『日本語慣用句辞典』米川明彦・大谷伊都子(編) (2005) 東京堂出版.
『日本国語大辞典』日本大辞典刊行会(編) (1974) 小学館.
『明鏡国語辞典　第2版』北原保雄(編)(2010) 大修館書店.
『明鏡　ことわざ成句使い方辞典』北原保雄(編)(2007) 大修館書店.

Merriam-Webster Online Dictionary 〈http://www.merriam-webster.com/〉

『身につく独和・和独辞典』伊藤眞(監修)(2007) 三省堂.

NTC's American Idioms Dictionary, 3rd ed. (2000), ed. by R. A. Spears, NTC Publishing Group, Chicago.

Oxford Dictionary of English Idioms (1993), ed. by A. P. Cowie, R. Mackin, and I. R. McCaig, Oxford University Press, Oxford. [1983年に *Oxford Dictionary of Current Idiomatic English* Vol. 2 として出版された]

The Oxford Dictionary of English Proverbs, 3rd ed. (1970), revised by F. P. Wilson, Oxford University Press, Oxford.

『ランダムハウス英和大辞典　第2版』(1993) 小学館.

『成語林　故事ことわざ慣用句』尾上兼英(監修)(1993) 旺文社.

用例出典

第2章〜第4章

『ER 緊急救命室 IX』第5話「悲しい運命」(第2章).

『ER 緊急救命室 IX』第9話「独りぼっち」(第4章).

『日本語慣用句用例集』宮地裕(編)(1985) 大阪大学文学部編.

　『サイ』＝藤本義一『サイカクがやって来た』／『死に』＝藤原審爾『死にたがる子』／『白い』上＝山崎豊子『白い巨塔』上／『どぶ』＝半村良『どぶどろ』／『悲の』＝高橋和巳『悲の器』／『ボッコ』＝星新一『ボッコちゃん』

　※以上のものは,『日本語慣用句用例集』からの引用.

『新潮文庫の100冊』CD-ROM 版（1995）新潮社.

　『あす』＝井上靖『あすなろ物語』／『女社長』＝赤川次郎『女社長に乾杯！』／『黒い』＝井伏鱒二『黒い雨』／『塩狩』＝三浦綾子『塩狩峠』／『世界』＝村上春樹『世界の終りとハードボイルド・ワンダーランド』／『沈黙』＝遠藤周作『沈黙』

　※以上のものは,『新潮文庫の100冊』からの引用.

第6章

『朝日新聞』記事データベース「聞蔵 II ビジュアル」1990-2004年

『毎日新聞』1989-2004年

『読売新聞』オンライン 2004年

The Japan Times ⟨http://www.japantimes.co.jp/⟩
The New York Times 1994-1996 / *Los Angeles Times* & *The Washington Post* 1994-1997 ※以上の新聞は,LDC-Online Text Corpora の *North American News Text Corpus* からの引用(LDC95T21, Linguistic Data Consortium, 1995-97).⟨https://www.ldc.upenn.edu/⟩

索　引

1. 日本語はあいうえお順で，英語はABC順で最後に一括して並べている。
2. 数字はページ数を示す。

[あ行]

挨拶語　3, 4
アメリカ英語　32-35
誤りから生じた変異形（erroneous variations）　48-50
安定性（Stabilität）　23
yes/no質問文への変容（yes/no question transformation）　68
イギリス英語　32-35
イギリス英語・アメリカ英語の変異形　32-35
意志表現（化）　114, 121-126
一般連語句（ordinary collocations）　8-10, 12, 13, 15, 19, 20, 54, 85, 88-90, 108, 127
イディオム性（Idiomatizität）　90, 107, 110-112
〈意図性〉　122, 123
意味上の非分割性　90, 109, 110
意味的固定性（semantic frozenness）　vii, 20, 86, 90, 91, 107, 112-114, 119, 123-129
意味的な特徴／意味特徴　viii, 134, 172-175, 177, 180-184, 186-188, 190, 191, 193-201
隠喩的慣用句　13-15, 17, 18
受身化　80-84
受身表現（化）（passivization）　16, 55-60, 63-65, 68, 69, 72, 73, 76, 78, 80, 126-128
応答語　3, 4
置き換えの制約　58, 60, 62
「同じ意味で同じ表現」　143-145
「同じ意味で違う表現」　144, 145
「同じ意味で類似の表現」　144, 145

[か行]

解釈可能な意味　97, 98, 100, 105, 114-117, 124, 147
階層関係（hierarchy）　57, 71, 72, 74, 80, 81, 85, 125, 126
階層性　vii, 63, 71, 77-81, 83-85, 124, 126
格言　vi, 3, 4, 8, 10-12, 15
関係節化　78-84, 114, 126
間接目的語の移動（indirect object movement）　66-68, 75
完全に対応する慣用句　138, 139

(慣用句の)比喩的な意味　vi, viii, 13, 14, 107, 108, 134, 146-158, 160
(慣用句の)変異形（idiom variations）　→変異形
慣用句らしさ(の度合い)　vii, 20, 51, 85, 112, 127, 129
慣用句を連体修飾句にする　59, 62
慣用性（conventionality）　v, vi, 92, 94, 107, 110
慣用的語結合（idiomatic combinations）　94, 98-100, 102, 105
慣用的に結合した表現（idiomatically combining expressions）　94
慣用的表現（idiomatic phrases）　6, 94, 99, 101, 105
擬態語・擬声語　4-6
機能動詞結合　41
狭義の慣用句　vi, 3, 5, 6
敬語表現(化)　58-60, 84, 126
形式上の固定性　23
形式上の制約　55
形式的固定性（lexico-structural frozenness）　vii, 19, 20, 23, 26, 36, 50, 51, 58, 85, 112, 127-129
〈継続・状態的〉　182, 183, 194, 197
〈継続的〉　172, 173, 178-183, 194, 196, 197
形容詞句付加　80-84, 117
結合度　9, 12, 13, 17, 22, 55, 56, 108
広義の慣用句　vi, 3, 5-7, 16
構成語の比喩的な意味／比喩性　viii, 134, 146-160
構成語のむすびつきの不規則性　90, 107, 109, 110
合成的／合成性（compositional/compositionality）　89-91, 93-95, 98, 105, 107
肯定・否定表現(化)　57, 59, 60, 63, 84, 85, 126-128
語順転換の制約　58, 61, 62
固定化　55, 56, 84
ことわざ　vi, 3, 4, 8, 10-12, 15, 17, 68, 150
誤用　46-48

[さ行]

再構成（Reconstitution）　65, 70-74, 76-80, 85
使役表現(化)　58, 63
質問・疑問表現(化)　59, 60, 62
自由語　9
修飾（modification）　99, 100, 104-106, 117, 121, 136
自由な語結合（free combinations）　9, 90, 92
自由な語連結　9
周辺的な慣用句　129
自由連語　9
〈瞬間的〉　172, 173, 177-179, 183, 194, 196, 197, 199
照応関係（anaphora）　99, 102, 103, 105
〈状態的〉　180-183, 194-197
成句　10, 12, 15, 55
前置詞句の前置（preposing of prepositional phrases）　70, 76

挿入（Insertion） 54, 56, 58, 62, 65-69, 71, 72, 74-76, 78-80
「それぞれ独自な表現」 145

[た行，な行]

対義関係にある変異形 35, 37
〈他者向け〉 184-188, 194, 196-199
「違う意味で同じ表現」 144, 145
中核的構成語（の分析）（kernel constituent (analysis)） 147, 160
直喩的慣用句 13-15, 17
典型的な慣用句 5, 20, 51, 85, 111, 127, 128
統語（論）上の拘束 55
統語構造 viii, 134, 136-142, 145, 150
統語的固定性（syntactic frozenness） vii, 20, 55-57, 61, 63, 74, 75, 82, 84-86, 112-114, 126-129
統語的操作 57, 59, 61, 63, 65-67, 71-83, 85, 113, 114, 125-128
動作焦点の動名詞化（action nominalization） 70-73
動名詞化（gerundive nominalization） 65, 70-72
取り出し（Extraction） 65, 68-75, 78-80, 101
取り立て 80-84, 101, 126
並べ替え（Permutation） 54, 61, 63, 65, 67-69, 71-73, 78-80

[は行]

非合成的／非合成性（non-compositional/non-compositionality） 89, 90, 94, 95, 101, 105-107, 110
非柔軟性（inflexibility） 55, 56
比喩的慣用句 12-15, 107-109
〈表出性〉 190, 191, 193, 194, 196, 197, 199
付加（Adjunction） 65, 71-74, 76-80
複合形容詞 39, 44
複合語 3, 5, 6, 38, 39, 45, 46, 78, 106, 150
複合動詞 25, 39
複合名詞 25, 26, 40, 43-46, 77
副詞句付加 80-84
副詞(句)の挿入（adverb placement (insertion)） 58, 66, 113, 120
副助詞の挿入 58
部分的に対応する慣用句 139, 142
不変化詞の移動（particle movement） 67, 69, 73
文法的(な)制約 vi, vii, 9, 20, 54-56, 58, 72
変異形 vii, 24-39, 41, 48-51, 58, 78, 128, 129, 174
変形上の欠陥（transformational defect (deficiency)） 55, 56

[ま行]

名詞化（nominalization） 78

名詞句への転換　vii, 9, 16, 20, 54, 56, 61-63, 70, 78-80, 113-117, 123-126, 128, 129
名詞の種類／名詞類　162, 167, 168
命令表現(化)　59, 60, 63, 114, 121, 125, 126, 129

[ら行，わ行]

量化 (quantification)　97-99, 105
類義関係にある変異形　25, 32, 35
連結・共起の制約　58, 59, 62
連語　3, 4, 7, 15-18
連語的慣用句　12, 13, 15, 18, 107-109
連体修飾語の付加　58, 59, 63, 114, 117, 118, 124-126
連用修飾語の付加　58, 59, 62, 126
連用修飾語の挿入　59, 63, 66, 84, 85, 114, 119, 123, 125, 126
話題化 (topicalization)　99, 101, 102, 105

[英語]

action nominalization（動作焦点の動名詞化）　70-73
Adjunction（付加）　65, 71-74, 76-81
adverb placement（副詞(句)の挿入）　58, 66, 113, 120
anaphora（照応関係）　99, 102, 103
compositional/compositionality（合成的／合成性）　89-91, 93-95, 98, 105, 107
conventionality（慣用性）　v, vi, 92, 107, 110
erroneous variations（誤りから生じた変異形）　48-50
Extraction（取り出し）　65, 68-75, 78-80, 101
free combinations（自由な語結合）　9, 90, 92
frozenness（固定性）　55, 56
gerundive nominalization（動名詞化）　65, 70-72
hierarchy（階層関係）　57, 71, 72, 74, 80, 81, 85, 125, 126
idiom variations（慣用句の変異形）　vii, 24-39, 41, 42, 48-51, 58, 78, 128, 129
idiomatic combinations（慣用的語結合）　94, 98-100, 102, 105
idiomatic phrases（慣用的表現）　6, 94, 99, 101, 105
idiomatically combining expressions（慣用的に結合した表現）　94
Idiomatizität（イディオム性）　90, 107, 110-112
indirect object movement（間接目的語の移動）　66-68, 75
inflexibility（非柔軟性）　55, 56
Insertion（挿入）　54, 56, 58, 62, 65-69, 71, 72, 74-76, 78-81
kernel constituent (analysis)（中核的構成語(の分析)）　147, 160

modification（修飾） 99, 100, 104-106, 117, 121, 136
nominalization（名詞化） 78
non-compositional/non-compositionality（非合成的／非合成性） 89, 90, 94, 95, 101, 105-107, 110
particle movement（不変化詞の移動） 67, 69, 73
passivization（受身表現(化)） 16, 55-60, 63-65, 68, 69, 72, 73, 76, 78, 80, 126-128
Permutation（並べ替え） 54, 61, 63, 65, 67-69, 71-73, 78-80
preposing of prepositional phrases（前置詞句の前置） 70, 76
quantification（量化） 97-99, 105
Reconstitution（再構成） 65, 70-74, 76-81, 85
Stabilität（安定性） 23
topicalization（話題化） 99, 101, 102, 105
transformational defect (deficiency)（変形上の欠陥） 55, 56
yes/no question transformation (yes/no 質問文への変容) 68

石田 プリシラ（いしだ ぷりしら）

カナダ出身。2002年，筑波大学大学院文芸・言語研究科博士課程言語学専攻修了。言語学博士。現在，筑波大学准教授。
　主要業績：「動詞慣用句の意味的固定性を計る方法——統語的操作を手段として——」(『国語学』55, 2004)，"Contrastive Idiom Analysis: The Case of Japanese and English Idioms of Anger" (*Phraseology: An Interdisciplinary Perspective*, John Benjamins, 2008)，「日英対照研究と日本語教育——対照研究の方法と視点——」(『日本語教育研究への招待』，くろしお出版，2010)，"Corpus Data and the Treatment of Idioms in Japanese Monolingual Dictionaries" (*Research on Phraseology in Europe and Asia: Focal Issues of Phraseological Studies* (Vol. 1), University of Bialystok Publishing House, 2011) など。

言語学から見た
日本語と英語の慣用句　　　　　〈開拓社　言語・文化選書51〉

2015年3月23日　第1版第1刷発行

著作者	石田プリシラ
発行者	武村　哲司
印刷所	萩原印刷株式会社
発行所	株式会社　開拓社　〒113-0023　東京都文京区向丘1-5-2　電話　(03) 5842-8900（代表）　振替　00160-8-39587　http://www.kaitakusha.co.jp

© 2015 Priscilla Ishida　　　　　　　　ISBN978-4-7589-2551-8　C1380

JCOPY　〈(社) 出版者著作権管理機構　委託出版物〉
本書の無断複写は著作権法上での例外を除き禁じられています。複写される場合は，そのつど事前に，(社) 出版者著作権管理機構（電話 03-3513-6969, FAX 03-3513-6979, e-mail: info@jcopy.or.jp）の許諾を得てください。